Cyril Pedrosa
# Jäger und Sammler

Cyril Pedrosa

# Jäger und Sammler

REPRODUKT

Marion

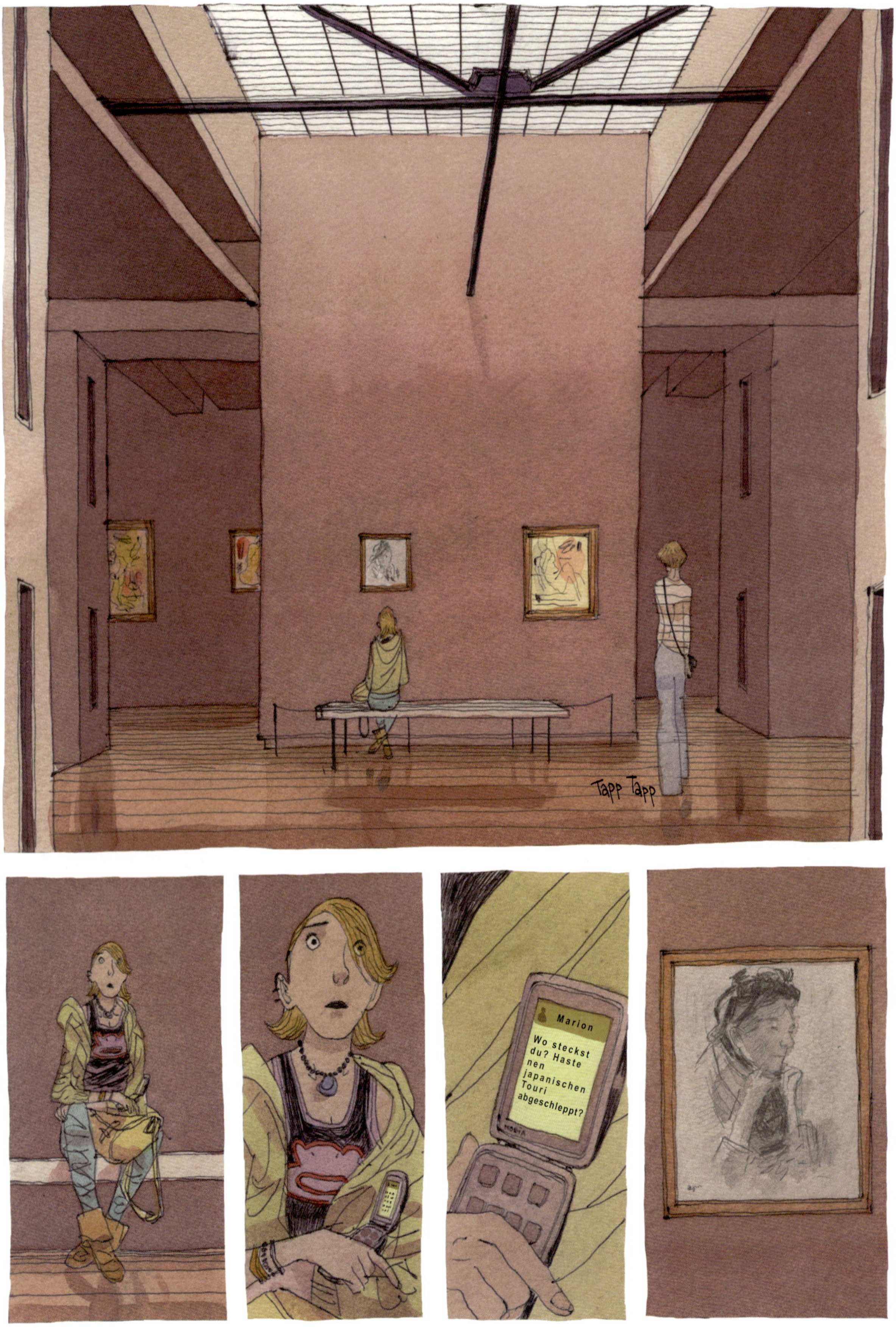

Wo steckst du? Haste nen japanischen Touri abgeschleppt?

Sie lernte ohne Freude.

Wie jemand, der mit mechanischen Schritten einen öden Berg erklimmt.

Außer Atem und mit geschundenen Füßen, wo andere sorglos zu tänzeln scheinen.

Der Museumsbesuch zog sich schon den ganzen Nachmittag hin; zähe Stunden vertrauter Langeweile.

Ob sie nun auf dieser Bank saß oder anderswo, änderte im Grunde nichts daran.

Aber es tat gut, sich einen Moment von der Gruppe zu entfernen.

Nach ein paar Minuten hob sie langsam den Kopf und wollte gerade wieder zu den anderen Schülern des Aristide-Briand-Gymnasiums gehen. Doch etwas hielt sie zurück.

An der Wand vor ihr hängt, kaum größer als ein aufgeschlagenes Schreibheft, eine weiß gehöhte Kohlezeichnung auf grauem Papier. Das Porträt eines Mädchens, das sich den Hut zubindet.

Eine unerwartete Unruhe regt sich in ihr, seit sie dieses Bild betrachtet, und fesselt ihre ganze Aufmerksamkeit. Ihr scheint, als würde irgendwo in ihrem Inneren eine unbekannte Landschaft auftauchen.

Ein See… riesengroß.

Das Wasser kommt ihr noch ein bisschen zu kalt vor, aber eines Tages würde sie gern darin baden. Es muss schön sein, einfach hineinzuspringen. Sich ohne zu zögern vom Boden zu lösen, mit angespannten Muskeln. Diese flüchtige Sekunde zwischen Himmel und Erde zu genießen, in der der Körper nicht mehr existiert, bevor man ganz eintaucht. Aber sie kann nicht schwimmen, noch nicht.

Sie legt sich erst einmal nur ans Ufer und sieht sehnsüchtig zu, wie sich die Leute im Wasser vergnügen und die Wellen im leichten Wind glitzern. Vielleicht versucht sie morgen, um den See herumzulaufen.

Es ist ein sehr schöner See.

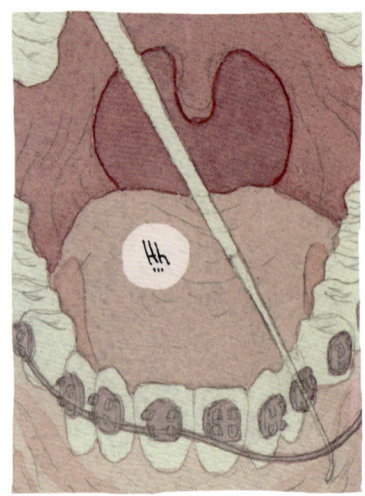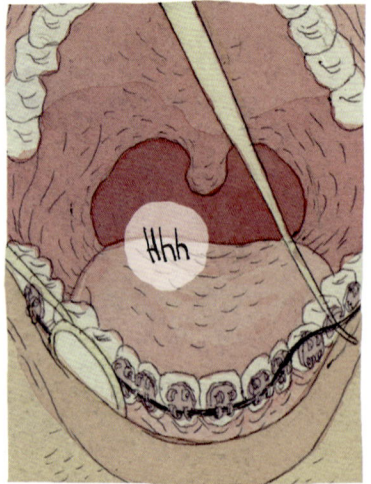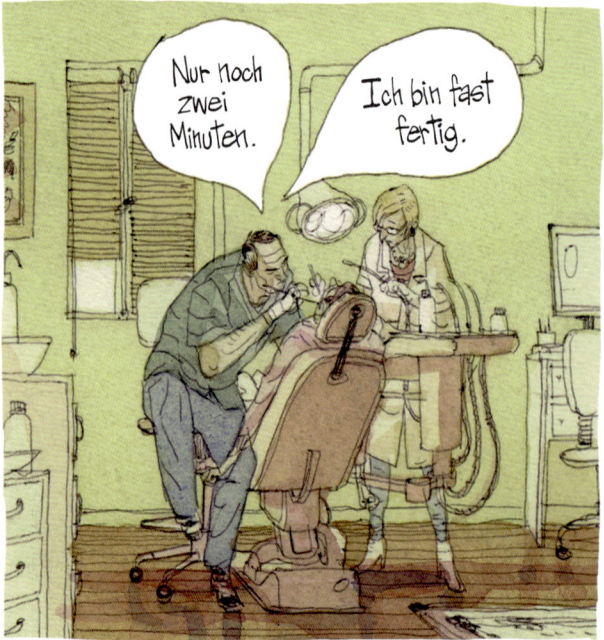

— Papa!

— Kommst du? Tee ist fertig.

— Ja, ja... Sofort!

*Tipp Tapp*

— Aaah! Scheiße!

Was ist denn los?
Warum schreist du so??
Sie hat schon wieder auf die Treppe gemacht...
miau
Oh...
Meine arme Miezi ...
Ich hab die Papiere, die du haben wolltest.
Hier.
miau
Danke.
rrrr
rrrr
klick

rrr
Danke für dein Angebot, die Katzenpisse aufzuwischen. Du darfst dich gern drum kümmern.
Was? Warum denn ich?
rrrr
Mm mm...
Vielleicht... weil es deine Katze ist?
Mann...
Das ist nicht fair!
Sie ist seit einer Woche krank. Was kann ich dafür, dass du nicht mit ihr zum Tierarzt gehst?!
Fangt nicht schon wieder an...
miau
Also ich fang hier gar nichts an, Christine...
Ich ärgere mich schon die ganze Woche mit dieser blöden Katze rum. Dabei ist sie mir scheißegal!
Ich war einverstanden, dass sie hierbleibt, wenn du dich um sie kümmerst!
Also, Pauline, dann wirst du...
... auch bitte „Miezis" Dreck aufwischen.

Ich warte im Auto auf dich.

Könntest du ihr solche Sachen vielleicht irgendwie... ...anders sagen?

Passt es dir, wenn du Pauline am Freitag gegen sechs Uhr abholst?
Ja. Natürlich.
Ich hab einen Karton mit alten Hemden von dir mitgebracht...
Der stand noch auf dem Dachboden.
Ok.
Danke.
Also dann bis Freitag?
Mhm.
Bis Freitag.

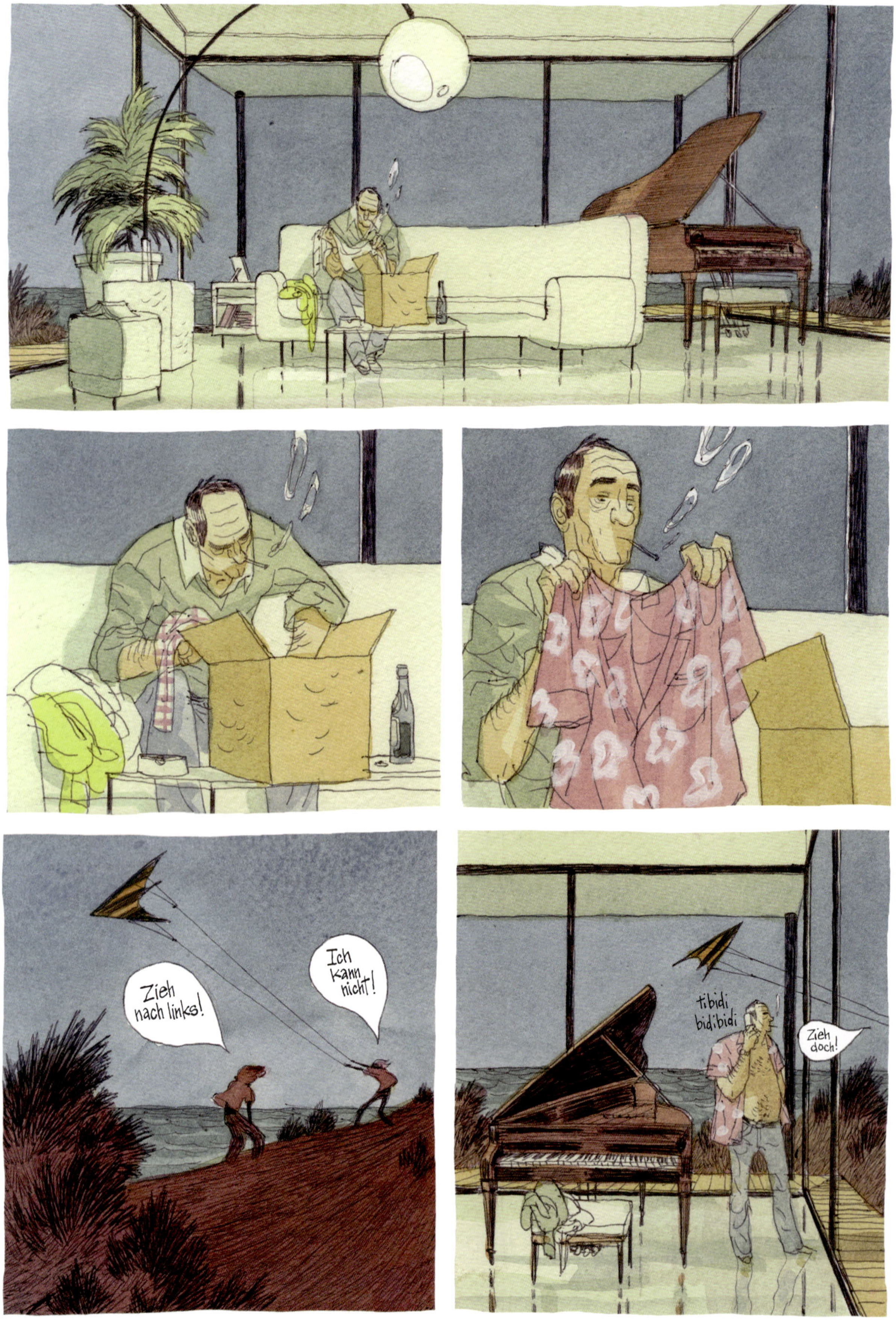
Zieh nach links!
Ich kann nicht!
tibidi bidibidi
Zieh doch!

Lass mich mal!
tuut
tuut
tuut
Hier!
Guten Tag, das ist die Mailbox von Damien. Bitte hinterlassen Sie eine Nachricht.
Siehst du…
…ganz einfach.
klick
miau
Some girls
are bigger than others

♪ Some girls' mothers ♪ ♪ are bigger than ♪

♪

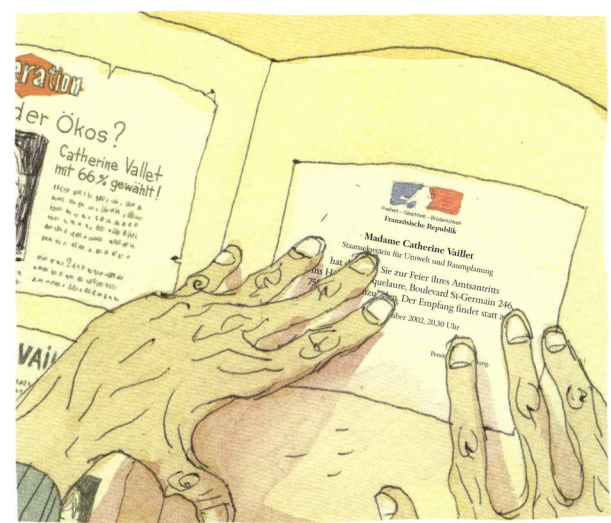

**Französische Republik**

**Madame Catherine Vaillet**
Staatssekretärin für Umwelt und Raumplanung

hat die Ehre, Sie zur Feier ihres Amtsantritts ins Hôtel de Roquelaure, Boulevard St-Germain 246, 75007 Paris, einzuladen. Der Empfang findet statt am:

12. September 2002, 20.30 Uhr

Persönliche Einladung

Wir steigen an der nächsten aus...
Ja, ich weiß...
Keine Ahnung...
Ich auch nicht...
bla bla
... sie kommen um neun Uhr nach...
tibidi bidi
Hallo? Françoise?
Ja...
Wirklich?!

Business English!
Einzigartige Methode
Nicht??
VLAM
Wie schön!
Aber sicher!
Schön, dass du an mich gedacht hast...
...
75 Institute

46

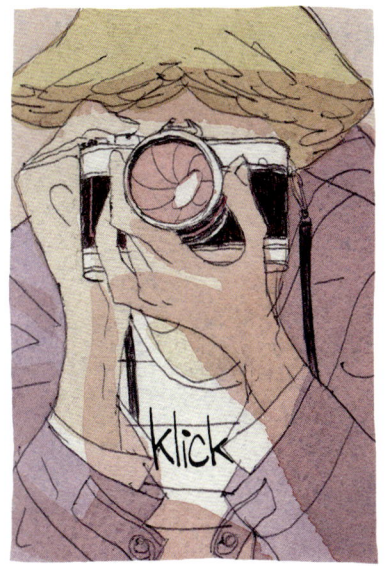

Er war gerannt, so schnell er konnte.

Bis zu den Toiletten im überdachten Teil des Schulhofs.
Er hatte versucht, die heftigen Bauchkrämpfe unter Kontrolle zu halten.

Aber kaum war die Tür hinter ihm zugefallen, entleerte er sich buchstäblich an Ort und Stelle. Noch bevor er seine Hose hinunterlassen konnte…

… rann die warme, stinkende Brühe seine Beine hinab auf den Boden.

Der neue Lehrer, Monsieur Bollet, fand ihn, tränenüberströmt und verzweifelt, inmitten der widerwärtigen Lache.

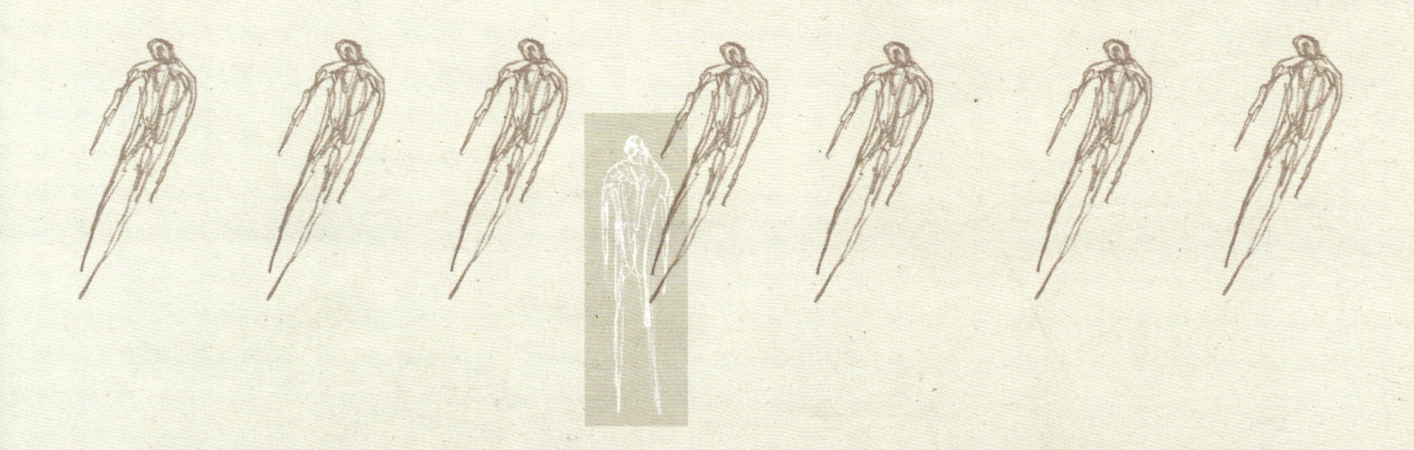

Die Bahnen ziehen vor seinen Augen vorbei, alle drei Minuten.

Der Bahnsteig füllt sich, leert sich, füllt sich erneut, in regelmäßigen Wellen. Er beobachtet die Ströme der morgendlichen Fahrgäste, Menschen, die etwas zu tun haben. Alle scheinen von der beruhigenden Illusion getragen, miteinander verbunden zu sein, geschützt durch ein unumstößliches physikalisches Gesetz. Wie die Atome eines Moleküls hat jeder seinen Platz, seine Rolle. Gestern hatte auch er noch eine. Heute muss er sich damit begnügen, dem Ballett der anderen zuzusehen.

Das kleine Emaille-Waschbecken im Kunstraum, eingezwängt zwischen dem Matrizendrucker, den Herbarien und den Töpfen mit Acrylfarbe. Monsieur Bollet hatte ihn geduldig gewaschen und sich dann um seine Kleider gekümmert. Er erinnert sich, wie er wieder in seine Klasse kam. Geflüster und Gekicher, ein strenges Wort des Lehrers, gefolgt von langem Schweigen. Das Demütigendste war noch nicht einmal, dass er nackt auf seinem Stuhl zwischen den anderen saß, weil seine Kleider zum Trocknen neben dem Ofen hingen, sondern wie sie sich auf ihre Aufgabe konzentrierten, als wäre er nicht da, als würde er ganz einfach nicht existieren.

Vor ihm kommen und gehen sie. Betteln müsste man, endgültig auf die andere Seite wechseln, sich schuldig fühlen und sich schämen, weil man zu überleben versucht. Noch kann er sich nicht dazu durchringen.

Sie kommen und gehen. Er beobachtet sie. Wie ein Geist, der dem Treiben der Lebenden zusieht.

... Auch nach drei Wochen Protesten vor Ort...

... lässt die Bürgerinitiative gegen den Flughafen in Morteuil nicht locker...

...ein Dorn im Auge des neuen Premierministers ...

... der die Spaltung seiner Regierung befürchtet.

klack

Sorry, dass ich zu spät bin.

Hab mein Ladegerät nicht gefunden.

Catherine Vallet, Staatssekretärin für Umwelt...

Hallo.

... könnte gegen ...

klick

Hallo, liebes Papilein.
smack
vrrr
Na? Hattest du eine schöne Woche mit deiner Mutter?
Mhm.
VANNES LORIENT
bip
bip
bip
bip
bip
bip
bip
bip

KEIN FLUGHAFEN!

Flughafen weder hier noch sonst wo.

NEIN ZUM FLUGHAFEN!

Damit muss Schluss sein...

Niemand glaubt mehr, dass „die Sonn ohn' Unterlass" scheint. Und das hat einen Grund.

**Na, du bist lustig...**

Schlack

**Das hat nicht „einen" Grund.**

**Sondern Tausende...**

**Und genau das ist das Problem.**

**Naja... Es liegt doch vor allem daran, dass die Leute endlich kapiert haben, dass man sie ein klitzekleines bisschen verarscht hat...**

**Meinst du nicht?**

**Man kann nicht jahrzehntelang behaupten: „Die Bilanz des sowjetischen Kommunismus ist positiv..."**

**...und dann sagen: „Na gut, okay, wir haben euch vielleicht Mist erzählt, tut uns leid, aber bitte vertraut uns weiter!"**

**Wenn du mir damit sagen willst, dass wir gescheitert sind...**

Tschak

**...aber das weiß ich schon.**

— Ich habe getan, was ich konnte...
— Ich weiß...
— Es ist nur... Ich versteh nicht, warum du heute nicht auf unserer Seite bist, bei einer Sache wie Morteuil zum Beispiel...
— Ich hab's versucht.

— Antoine...
— Ich bin 76...
— Ich bin müde.

— Das heißt ja nicht, dass du mit uns Plakate kleben sollst.
— Ich meine, grundsätzlich. Warum unterstützt du die Bewegung nicht?
— Ich hab das Gefühl, es ist dir egal.

— Es ist mir nicht egal.
Frrr

— Ich weiß, dass der Flughafen eine Schnapsidee ist.
— Aber...
— Ich glaub nicht mehr dran.

Ich sag ja nicht, dass ich recht habe...

Aber ich habe schon so viele „große Kämpfe" gesehen... in der KP, mit der Gewerkschaft, Rocards neue Linke, dann die Jahre der Sozialisten...

Ich weiß nicht, wie ich es sagen soll...

Crr Crr

Ich bereue das alles nicht...

Aber es erscheint mir ...

...lächerlich.

Ich hab das Gefühl, mein Leben lang gekämpft zu haben, aber ich weiß nicht mehr, wogegen...

... oder warum überhaupt.

Retro Photo
Gebrauchte Fotoausrüstungen
gital – Analog – Sammlerstücke
37 rue Albert THOMAS
35000 RENNES
Zusammen für drei Euro.
Mama...
Ich glaub nicht.
Sorry, ich hab dich nicht gehört...
Ich hab gesagt: „Ich schau mir das noch kurz an, und dann gehen wir..."
Das ist der letzte, den ich habe...
Haben Sie die in 42?

**Panel 1:**
— Was kostet das Stereoskop?
— 90...
— Mit den Bildern.

**Panel 2:**
— Mmmm...
— Da schau her...
— Sie sind aber nicht gerade zimperlich, was?

**Panel 3:**
— Bitte?
— Oktober in der Bretagne... und Sie im Hawaiihemd...

**Panel 4:**
— Ja. Na und?
— Äh...
— ...
— Ich mein ja bloß...
— Nichts.

**Panel 5:**
— Und? Hast du was gefunden?
— Ein Stereoskop, damit kann man Bilder räumlich sehen...

**Panel 6:**
— Cool... Nimmst du's?
— Nein.
— Na los, komm, lass uns gehen.

Ist das 36?
ha haha
Das hier ist schön!
Total!
Und das da?
Ich bin aber auch nicht ganz überzeugt.
Mm?
Wovon?
Von deinem Hemd! Haha!
Mm…
Das ist von Hilo Hattie.
Platten
JAZZ
Ich hab's in Bells Beach gekauft.
Als ich mit Damien in Australien war.
THELONIOUS MONK/GERRY MULLIGAN

Mit Damien?? Wart ihr da surfen und so?
8 Euro.
THELONIOUS MONK/GERRY MULLIGAN
Ja.
Und er konnte das richtig gut.
Danke.
Platten JAZZ
Hier.
THELONIOUS MONK/GERRY MULLIGAN
Wenn du irgendwann mal Musik hören willst.
THELONIOUS MONK/GERRY MULLIGAN

**Panel 1:** Hallo? Pauline??

**Panel 2:** Nein, nein, du störst nicht...

**Panel 3:** Mm... Und welchen Film wollt ihr euch anschauen??

**Panel 4:** Ach nein, das ist doch totaler Mist.
ZZZ

**Panel 5:** Doch, doch, klar kannst du bei Chloé übernachten...

**Panel 6:** ... aber ihr guckt was anderes als „Titanic".

Ja, tschüss.

Bis morgen!

dip

Das war echt ein Hammer-Quartal, wir haben sämtliche Ziele übertroffen!
Also ich kann dir sagen, in der Klinik war's absolut kein Spaß.
Jean-Marc!
Gibst du mir bitte mal den Gevrey?
Also, ich find sie gar nicht so schlecht...
Ach komm, die ist kom-plett bescheuert! Und sie hat einen fetten Arsch...
Hier...
Einen riesigen Arsch!
Haha!
Pff...
Ihr seid blöd...
Habt ihr den Flughafen-Artikel in der Libération gelesen? Die steckt bald in der Scheiße!
Auf jeden Fall!
Wie heißt es so schön: „Ein Minister hält die Klappe oder tritt zurück." In beiden Fällen hätten wir unsere Ruhe!
Haha!

Unfassbar... Kaum hat eine Frau mal ein bisschen Macht, dreht ihr durch.
Ähm...
Und was sind Sie von Beruf?
Mann oder Frau – darum geht es doch gar nicht!
Doch. Tut mir leid, aber offensichtlich ist „Frau Ministerin" für euch durchaus ein Problem...
Kieferorthopäde.
Wollt ihr uns nicht lieber von eurem Turtelurlaub erzählen? Anstatt euch zu streiten...
Sie machen also... Zahnspangen für Kinder??
Genau das.
Ja, wie war's in Marrakesch?
Kieferorthopäde...
Meine Leidenschaft.
Schon immer.
Ganz ehrlich, es war toll!
Traumhaftes Hotel! Großartiges Essen!
Und das Beste daran: eine Woche ohne Kinder!
War nur Spaß.
Noch einen Schluck Wein?

— Na so was... Was machst du denn da?

— Nichts... Ich blätter hier ein bisschen...

— Ich wusste gar nicht, dass die Haute-Saône in der Franche Comté liegt...

— Kann ich auch eine haben?
— Mhm, bedien dich.

— Ich hab mich ein bisschen mit der Freundin von Solange unterhalten... Nicht gerade die Hellste.
— Mm... Ich weiß...

Willst du den restlichen Abend in der Küche sitzen und die Departements studieren?
Dabei lern ich wenigs-tens was...
Na vielen Dank, das freut mich zu hören...
Gut.
Dann lass ich dich wohl besser wieder allein...
Ich komm gleich...
Nach dem Dessert.
Warum? Willst du keins?
Ich will keine Erdbeer-törtchen.
Françoise nervt uns schon seit zehn Jahren mit ihren Erdbeertörtchen...

Was ist los mit dir, Vincent?
Nichts.
Ah... Alles klar...
Du bist also ganz ohne Grund so scheiße drauf...
Mm...

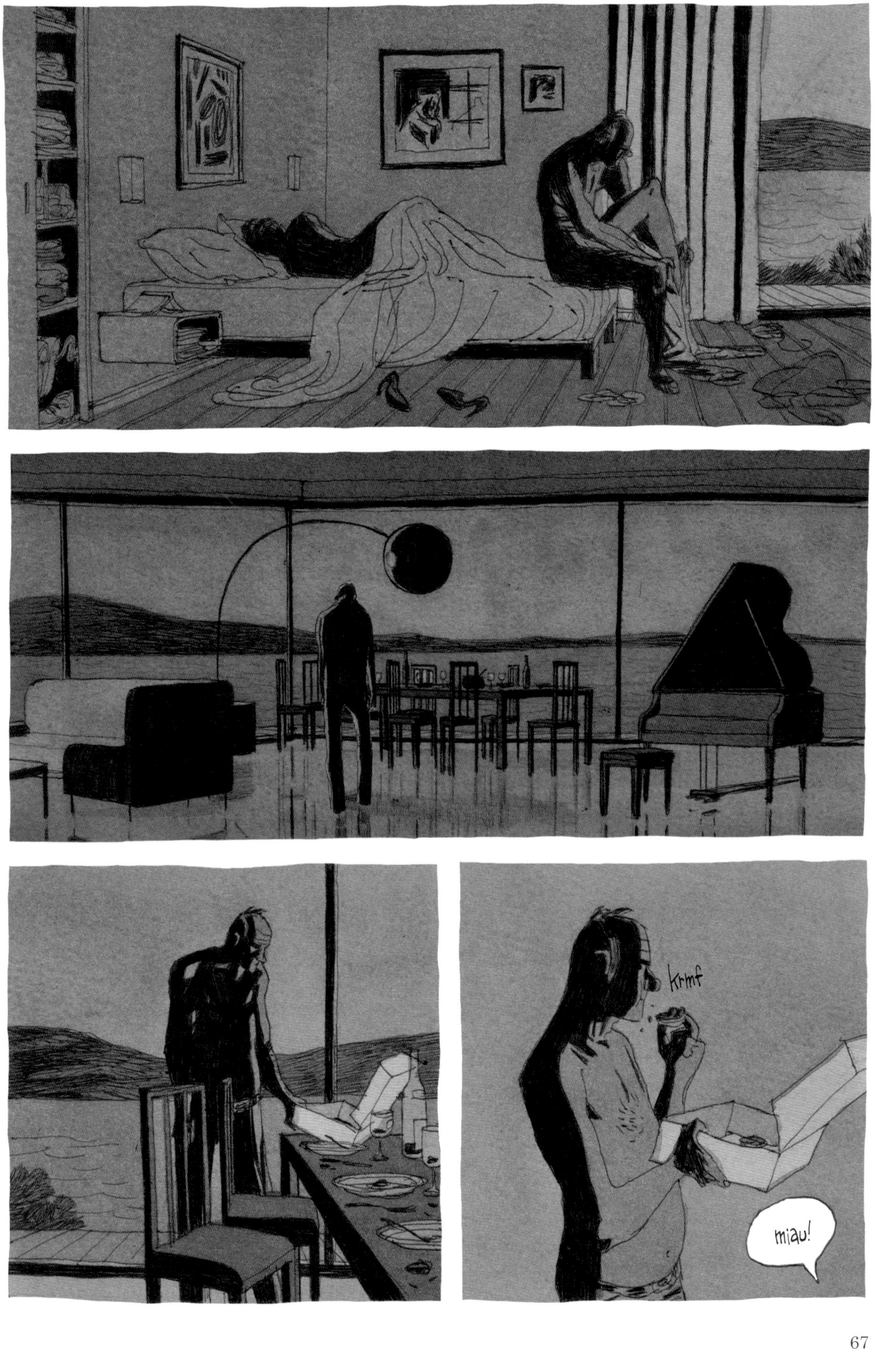
krmf
miau!

| Erdbeer-törtchen... | Ich biete dir keines an. |

miau

Klck

FFFF Genau.

Du hast recht. Wir müssen uns nicht unterhalten.

Louis...

Ja?

Ich bin k.o., ich geh schlafen...

Ähm...

Kann ich die Plakate hier so liegen lassen?

Kein Problem...

Ich mach sie morgen fertig...

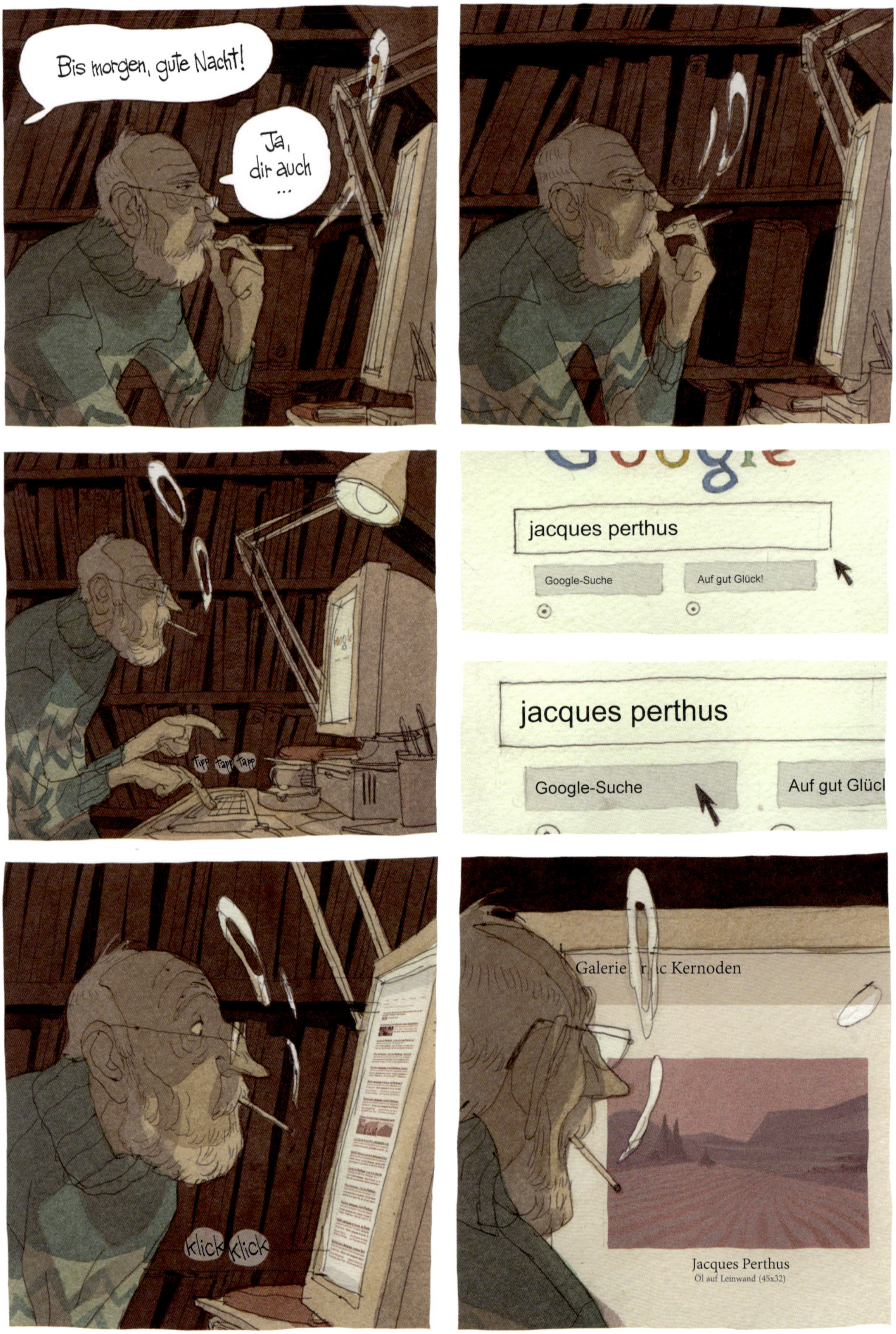

Bis morgen, gute Nacht!
Ja, dir auch ...
Google
tipp tapp tapp
jacques perthus
Google-Suche
Auf gut Glück!
jacques perthus
Google-Suche
Klick Klick
Galerie
Kernoden
Jacques Perthus
Öl auf Leinwand (45x32)

Klick
Nnhh...
Klick Klick
Pff...
Warum geht das denn nicht ??
Klick Klick Klick
Galerie Briac Kernoden
Jacques Perthus
Öl auf Leinwand (45x32)
Galerie Briac Kernoden
Die Wellen S. 20
„Ich bin ganz Faser. Jedes Beben schüttelt mich, und das Gewicht der Erde presst sich gegen meine Rippen. Hier oben sind meine Augen grüne Blätter, blicklos. Ich bin ein Junge in grünen Flanellhosen."
1929 ist Woolf 47 Jahre alt
Erste Version fertiggestellt 1931
Im „Ein Spiel und ein Zeitvertreib" Anspielung auf nachschauen
galerie Briac Kernode

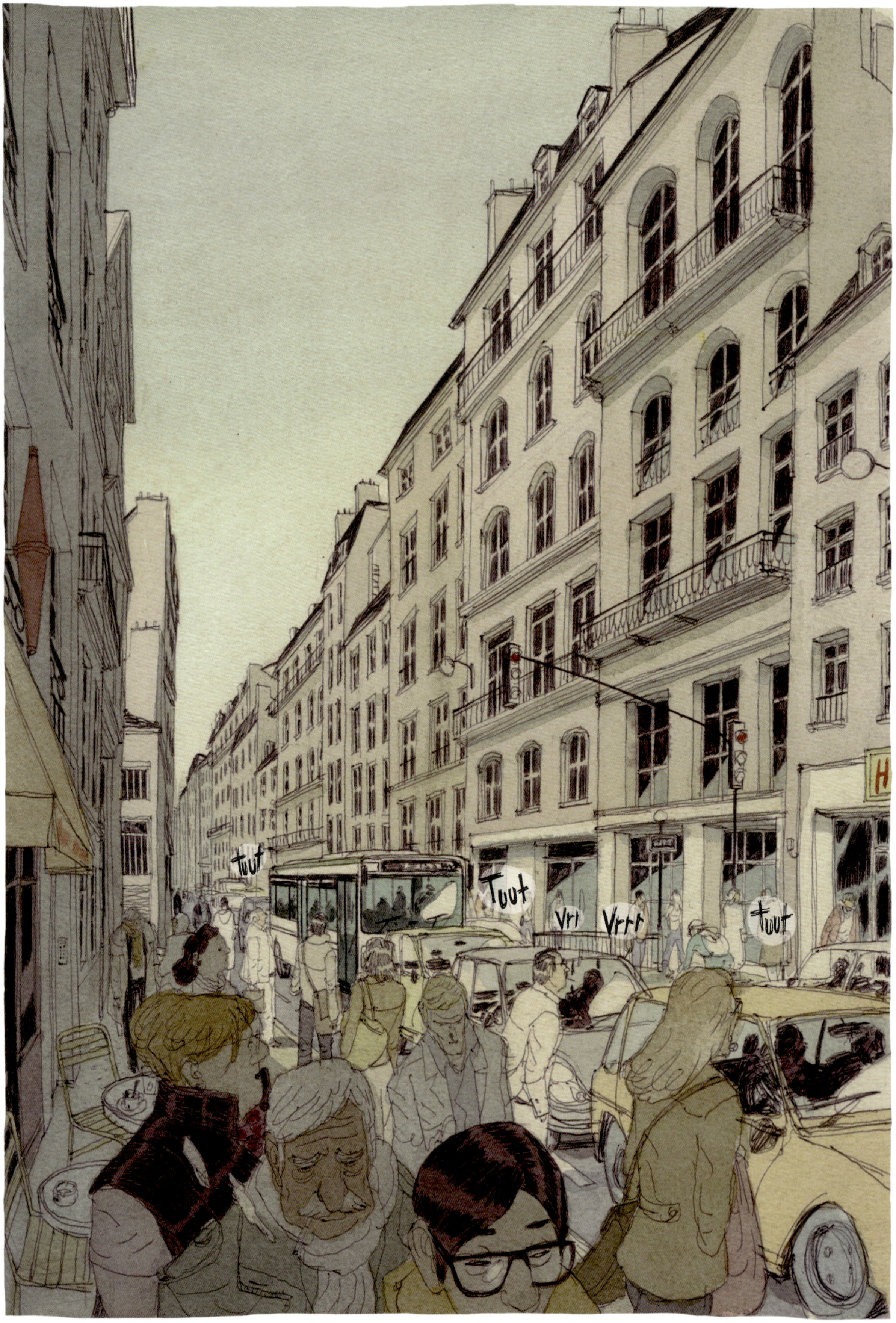
tuut
Tuut
Vrr
Vrrr
tuut

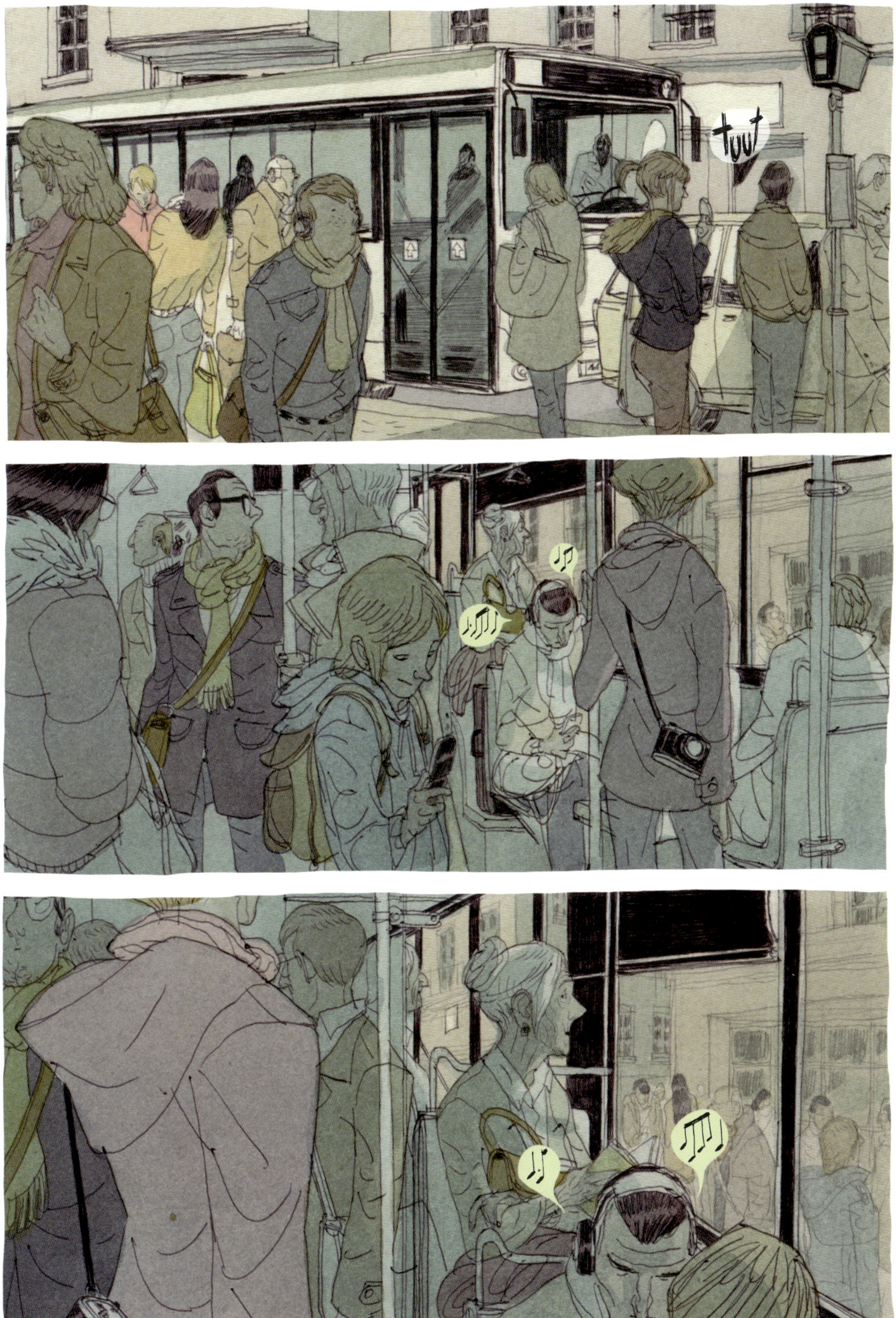
tuut

74

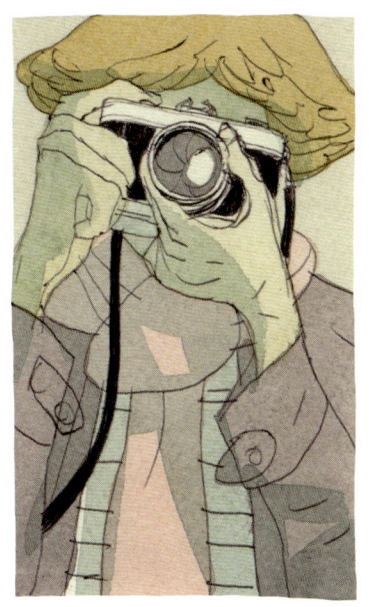

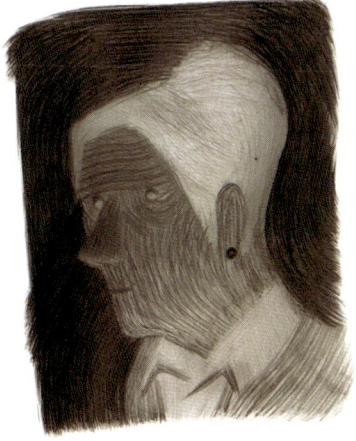

Ihr hatte der Blick der jungen Frau nicht gefallen.

Aber inzwischen sahen alle sie so an.

Der Busfahrer fuhr aggressiv und ruckartig.

Und obwohl sie so vorsichtig gewesen war, fast schon übervorsichtig,
damit es nicht passierte…

… hatte sie für einen winzigen Augenblick das Gleichgewicht verloren.

Nicht so lange, dass sie hinfiel. Nur so, dass sie ein bisschen nach vorn kippte und zu hastig nach der Haltestange griff, mit einer ungeschickten Bewegung, die ihre Schwäche verriet. Da stand die junge Frau lächelnd auf und bot ihr ihren Sitzplatz an. Nichts Gravierendes. Nicht schlimmer als sonst. Nur dieser Blick, immer der gleiche. Sie bedankte sich leise und setzte sich resigniert. Wozu Widerstand leisten? Wozu ihr sagen, dass sie genauso lebendig ist wie sie?

Sie versucht vergeblich, sich an den Namen dieses Boulevards zu erinnern. Der, der bis zur Place de la Nation führt. Ihr Stadtplan von Paris liegt zu Hause, in der Schublade von Claudines Geschirrschrank, neben den Familienalben, die sie von Zeit zu Zeit nachts aufschlägt, wenn die Schlaflosigkeit sie heimsucht. Vielleicht liegt sie auch heute wieder wach, denn paradoxerweise kann sie nach den anstrengenden Fahrten nach Dole und zurück erst recht nicht schlafen. Manche Fotos in diesen Alben sind für sie mittlerweile gleichermaßen vertraut und rätselhaft. Entfernte Onkel, Gesichter, denen sie keine Namen zuordnen kann, dicke Bäuche, lachende Augen, Hüte, schwarze Autos, Gärten. Erstarrt. Für immer. Leben, verwandelt in abstrakte Gestalten auf Papier. Sie kann sich kaum vorstellen, dass diese Körper einst erfüllt waren von Wünschen, Hoffnungen oder Leid. Der Ausflug aufs Land. Das schmollende Kind auf dem Dreirad, der Mann mit der Pfeife, der am Kirschbaum lehnt, die weiße Tischdecke und die Blumensträuße auf der großen Tafel erscheinen ihr derart irreal, dass es ohne Bedeutung ist, dass sie nicht mehr da sind. Auch sie wird in den Augen der anderen langsam zu einem Bild im Album der Vergangenheit. Es ist eine unaufhaltsame Verwandlung, die sie nur schwer akzeptieren kann. Aber genau so hatte die junge Frau sie angesehen. Endgültig eingesperrt hinter der Maske ihres Alters.

Sie hätte ihr gern von Louis erzählt, von der Reise nach Biarritz in dem Jahr, als sie ans Lehrerseminar ging, vom abendlichen Wein an der Strandpromenade, vom kleinen blauen Fenster zum Hafen, vom sanften Druck seines Geschlechts an ihrem und dann in ihr, wie er sie fest in seinen Armen hielt, wie sie es genoss, mit ihm gemeinsam zu kommen, von den Zigaretten an den Sommerabenden in Madeleines Garten, von Pauls Lächeln, das für immer verschwunden ist und das zu vergessen sie so fürchtet, von der Erschöpfung jener letzten Nacht mit Louis, sie beide aneinandergeschmiegt; diese Milliarden Sekunden voller Leben… Warum kann man all das nicht festhalten? Warum ist das eigene Leben nicht mehr als ein flüchtiges Spektakel, unsichtbar für die anderen?

Das vertraute Schaufenster des Blumenladens in der Rue de Picpus. Bald muss sie aussteigen. Ihren Koffer nehmen. Langsam aufstehen. Darf sich nicht noch einmal vom plötzlichen Bremsen des Busfahrers überraschen lassen. Der nächste Zug nach Lognes fährt in 20 Minuten, kein Grund zur Eile. Kein Grund, Angst zu haben.

Sich keine Fragen stellen...

Babys machen...

Schlafen...

Karotten fressen...

Ist bestimmt nicht schlecht, so als Kaninchen...

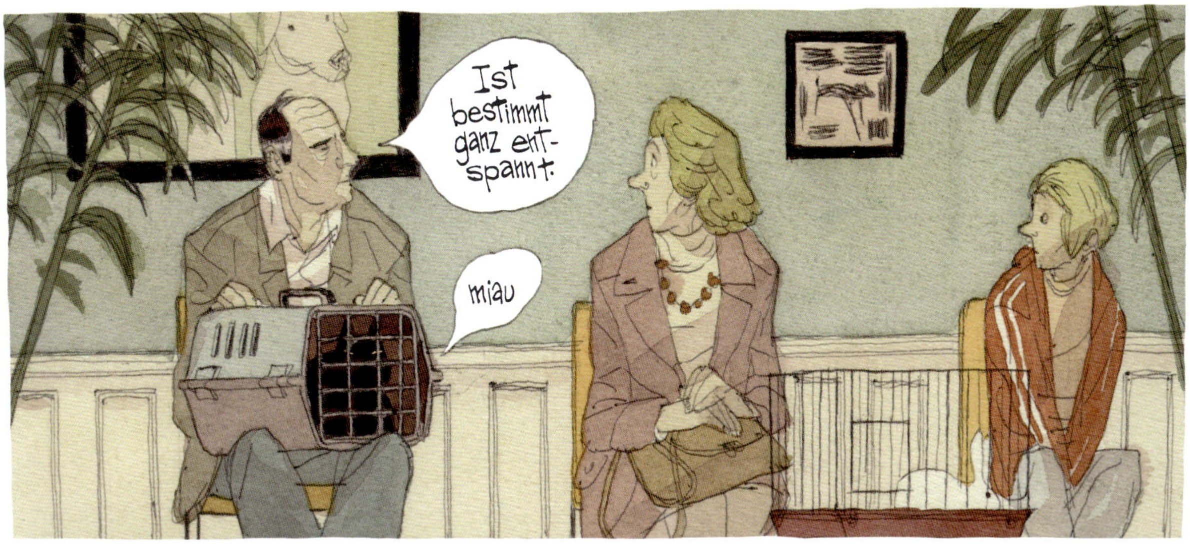
Ist bestimmt ganz entspannt.
miau

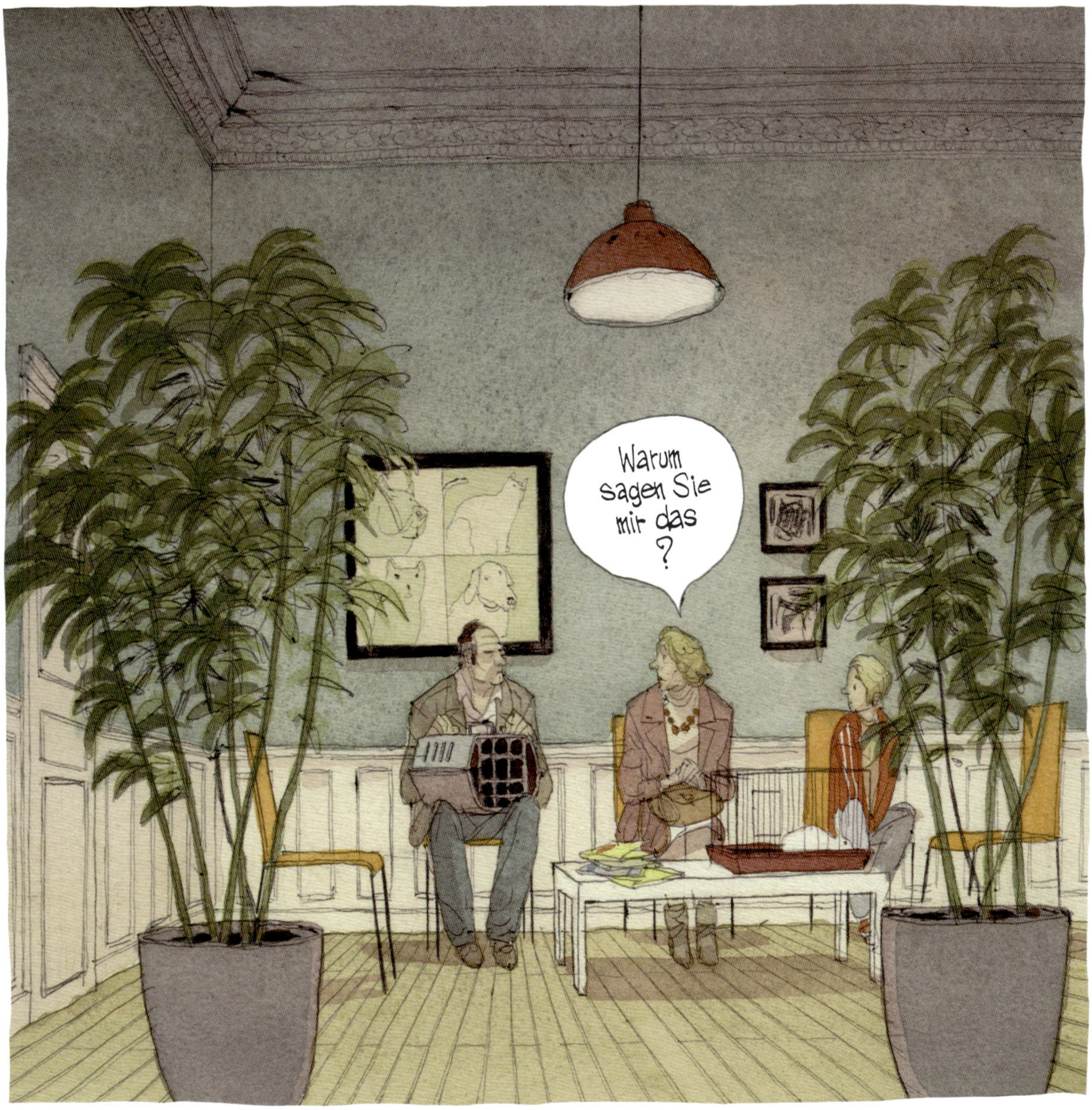
Warum sagen Sie mir das ?

Ich kenne dieses Haus gut.

Sylvie hatte uns oft hierher eingeladen, damals, als wir alle glaubten, wir könnten ohne einander nicht leben. Keiner von uns hätte sich seinerzeit vorstellen können, nicht an einem dieser Wochenenden in der Bretagne dabei zu sein. Ich wäre manchmal trotzdem lieber allein in Paris geblieben. Aber die Angst, mich aus ihrem Kreis auszuschließen, war immer stärker. Also schloss ich mich ihnen an, obwohl ich dieses Bedürfnis nach Einsamkeit hatte. Wenn es losging, musste ich mich immer ein bisschen zwingen und ärgerte mich dabei über das unangenehme Gefühl der Verpflichtung. Wir trafen uns am Bahnhof Montparnasse, und die paar Stunden im Zug nach Redon überzeugten mich schließlich, dass es gut war, mit ihnen zusammen zu sein. Ich hatte mich richtig entschieden; nun hieß es, sich zwei Tage lang von dieser allgemeinen Begeisterung tragen zu lassen, in der man sich so angenehm vergessen konnte.

Ich gewöhne mich allmählich an die undefinierbare Farbe des Sofas, zwischen beigerosé und krankem Lachs. Ich weiß noch, dass ich hier versucht habe, Sylvie zu küssen, an einem Abend, an dem wir alle viel zu viel getrunken hatten. Sie stieß mich mit der flachen Hand schroff zurück und konnte es sich nicht verkneifen, kurz angewidert das Gesicht zu verziehen. Nicht, weil ich ein Mädchen war, sondern eindeutig, weil ich ich war. Ich leerte daraufhin mit Fred die letzte Flasche Chouchen und wir übergaben uns dann den Rest des Abends im Garten.

Jetzt bin ich schon fast drei Wochen hier und habe meine Routine. Eine Tasse Kaffee am Kamin, essen, lesen, rauchen, schlafen, alles auf dem lachsfarbenen Sofa. Es gibt zwar auch Zimmer im ersten Stock, aber dort ist es eindeutig zu kalt.

Als Olivier mir den Hausschlüssel gab, lächelte er mich strahlend an. Aber dieses Zeichen seines Wohlwollens galt nicht mir, er lächelte den schönen, guten Menschen an, für den er sich hielt. Ich musste mich sehr zusammennehmen, um ihm keine reinzuhauen, und bedankte mich noch einmal bei ihm. Sylvie und er sind seit unserer Studienzeit zusammen. Ich habe die beiden zufällig wiedergetroffen, in der Nähe der Bastille. »Das gibt's doch nicht! Ich freu mich riesig, euch zu sehen!« Ich frage mich immer, woher diese Sätze kommen, die man eigentlich gar nicht sagen will. Völlig natürlich ausgesprochen, ohne dass man auch nur ein Wort ernst meint. Dabei erinnere ich mich noch sehr genau, wie ich mich angebiedert habe, um einen Platz in dieser 08/15-Clique zu erobern und ihn auch zu behaupten.

Unsere erzwungenen Freuden. Unsere banalen Freundschaften. Die lächerlichen, sinnlosen Dramen, die ich mangels Alternativen ertrug, um nicht allein zu sein. Ich spielte mit wie die anderen, nicht besser und nicht schlechter, aber es war unangenehm, daran zurückzudenken, nach all den Jahren, als ich Sylvie und Olivier wiedertraf. Vielleicht stimmte es trotz allem ein bisschen. Ich freute mich vielleicht wirklich, sie wiederzusehen, nachdem ich ihnen so lange aus dem Weg gegangen war. Olivier ist immer noch an der Uni, er unterrichtet jetzt Öffentliches Recht, immer noch so unglaublich nett, brillant, charmant, auf seinem glatten Gesicht ist kein einziger Schatten. Und auch Sylvie hat sich kaum verändert. Dieselben großen blauen Augen, der kleine tiefschwarze Schönheitsfleck am Hals, unter dem rechten Ohr. Sie luden mich zum Abendessen bei sich zu Hause ein, im 20. Arrondissement. Olivier hörte mir aufmerksam zu, mit zur Seite geneigtem Kopf, während er sanft irgendeinen Bordeaux in einem riesigen Glas schwenkte. Sylvie hatte den Kopf auf seine Schulter gelegt und kniff an bestimmten Stellen meiner Geschichte leicht die Augen zusammen.

Mein Werdegang ließ sich schnell zusammenfassen: Ich hatte die Uni abgebrochen, um zu einem unheimlich gut aussehenden Typen nach Spanien zu ziehen, den ich allerdings schon zwei Monate später wieder verließ. Seit zehn Jahren machte ich einen Scheißjob nach dem anderen, mal hier, mal da, wo es eben Arbeit gab. Das war's. Im Moment war ich fast blank, deshalb schlief ich bei einer Freundin in Montrouge. Aber es ging, ich kam klar. Ja, ich wollte gern noch ein bisschen Wein. Und ich hatte keine Lust, ihnen von den letzten drei Wochen in der Hühnerfabrik in La Roche-sur-Yon zu erzählen, wie ich dort festgesessen und letztendlich kapituliert hatte. Ich fühlte mich nicht mehr in der Lage, acht Stunden am Tag ein hirnloser Roboter zu sein. Acht Stunden an nichts anderes zu denken als an den Augenblick, wenn die Uhr in der Halle das Ende des Tages verkündet. Acht Stunden, bis ich wieder auf mein Rad steigen und zu meinen Eltern fahren würde, weil mir das Geld für eine eigene Wohnung fehlte. Versuchen, den Fleischgestank abzuwaschen, manchmal zwei, dreimal duschen und ins Bett fallen, bis zum nächsten Morgen, bis zum nächsten Achtstundentag. Eines Morgens bin ich einfach nicht mehr aufgestanden, das Ganze ergab keinen Sinn mehr.

Ich will das nie wieder machen, nie wieder.

Ich weiß nicht, warum sie mir das Haus angeboten haben, solange ich es bräuchte, wenn mir das helfen würde. Es kam ganz plötzlich. Sie hatten einen flüchtigen Blick getauscht, Sylvie schenkte mir noch mal nach und Olivier machte mir diesen Vorschlag. Ich war angetrunken. Ich fühlte mich nicht verpflichtet, so zu tun, als würde ich zögern oder wäre dankbar oder gerührt von ihrer Geste. Im ersten Moment machte ich mir Vorwürfe deswegen. Aber Oliviers Lächeln bei der Schlüsselübergabe nahm mir dann die letzten Skrupel. Sie brauchten das Gefühl, großzügig zu sein, ich brauchte ein Dach über dem Kopf. Es handelte sich um einen einfachen Tausch, getarnt als Freundschaftsgeste.

Ich bin erleichtert, hier zu sein. Ich habe nicht viel, aber ich muss auch nicht mehr kämpfen. Bevor ich aus Paris wegfuhr, hatte ich am Place de Clichy eine alte Spiegelreflex gekauft. Das war dumm, jetzt muss ich einen Monat lang Nudeln essen. Ich weiß nicht, was in mich gefahren ist. Ich habe seit Jahren keine Fotos mehr gemacht. Ich ging mit dem Hausschlüssel im Rucksack durch die Straßen. Gerettet. Trotzdem hatte ich das Gefühl unterzugehen. Die Menschen um mich herum schienen sich an einen detaillierten Plan zu halten, den man einfach nur befolgen musste. Mit der Linie 69 zu Père Lachaise fahren. Brot für heute Mittag kaufen. Die Parfümproben bei Sephora abholen. Den Scheck zur Bank bringen. Wegen der Novemberbestellung in Lyon anrufen. Niemand schien auch nur im Geringsten daran zu zweifeln, was er zu tun hatte, und auch ich verspürte plötzlich das Bedürfnis, mich an etwas festzuhalten.
Ich habe die Nikon im Schaufenster gesehen und nicht nachgedacht. Kaum war ich aus dem Laden, legte ich sofort einen Film ein, lief von Clichy nach Montparnasse und machte Fotos.

Beim letzten Film stellte sich beinahe wieder das Gefühl des »Verschwindens« ein. Dieser Augenblick, in dem man seine gesamte Lebensenergie spürt, im Blick, in den Händen, die ohne zu zögern an den Rädchen drehen. Man besteht nur noch aus einem Auge. Denkt nicht mehr. Existiert nicht mehr und ist gleichzeitig ganz da.

Ich hatte nach der Uni damit aufgehört und alles weggeschmissen bis auf ein paar Negative aus Spanien. Wozu seine Zeit damit vergeuden, mit bloßen Händen unsichtbare Teilchen einfangen zu wollen?

Es dauerte, bis mir bewusst wurde, dass ich es schon immer gespürt hatte. Dieses »Ding«, das in mir vibriert. Ich würde es gern herausholen, um es zu verstehen, etwas daraus machen, aber was?

Ich frage mich manchmal, ob ich die anderen wirklich so wenig brauchte oder ob ich mich fernhielt, weil ich bei ihnen nicht ich selbst sein konnte. Unsere Gespräche waren wie parallele Monologe. Wir hatten nicht mehr gemeinsam als unser fehlendes Verständnis füreinander. Doch von Zeit zu Zeit begegnete ich ihnen. Ich sah einen Körper, ein Gesicht, und für einen Augenblick hörte ich ihre Musik. Dann hätte ich sie gern in die Arme genommen und gefragt: »Habt ihr das auch gespürt? Habt ihr gehört, wie schön das war? Ich habe mich euch zugewandt und etwas Richtiges und Wahres gesehen. Hier und jetzt ist etwas passiert, das sich nicht wiederholen wird.« Aber es ging nicht. Ich war nicht fähig dazu. Ich konnte nicht mit ihnen reden. Sie machten mir Angst, und ich hätte ihnen Angst gemacht. Also fotografierte ich sie, ohne recht zu wissen, warum. Und dann hörte ich auf damit, um etwas Nützliches, Handfestes zu machen. Ich schätze, das versucht jeder. Einen Weg zu finden. Einen Sinn. Jahrelang bin ich herumgelaufen wie eine Schlafwandlerin. Wenn ich aufwache, weiß ich weder, wo ich bin, noch, wohin ich gehe oder wie ich hier gelandet bin, im Schlafanzug auf einem lachsrosa Sofa.

Wenn ich ein bisschen Geld vom Staat bekomme, kann ich damit eine ganze Weile über die Runden kommen. Ich will nur in Ruhe gelassen werden. Ich will allein sein, niemandem mehr irgendwas beweisen müssen.

Das Feuer geht allmählich aus, aber ich kann mich nicht aufraffen, rauszugehen und Holz zu holen. Bei dem, was da runterkommt, wird es ohnehin völlig durchnässt sein. Ich muss versuchen einzuschlafen, solange es noch warm ist. Mark Twain lese ich morgen früh weiter. Ich lege mich unter drei dicke Decken aus grober, blauer Wolle, das kratzt ein bisschen. Die Beine tun mir immer noch weh, weil ich gestern so viel gelaufen bin. Das gleichmäßige Trommeln des Regens gegen die Fenster erinnert mich daran, dass ich ein Dach über dem Kopf habe.

Ich müsste die Filme aus Paris entwickeln lassen.
Ich hätte mich dehnen sollen, aber es sitzt an der Rückseite der Schenkel.
Ich habe keine Ahnung, wie man diese Muskeln dehnen soll.

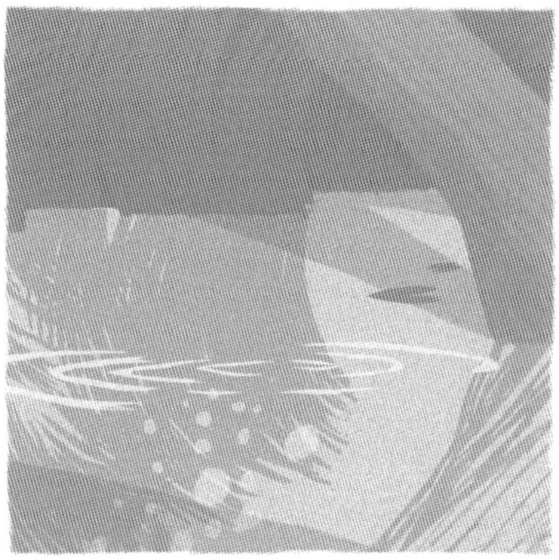

Winter

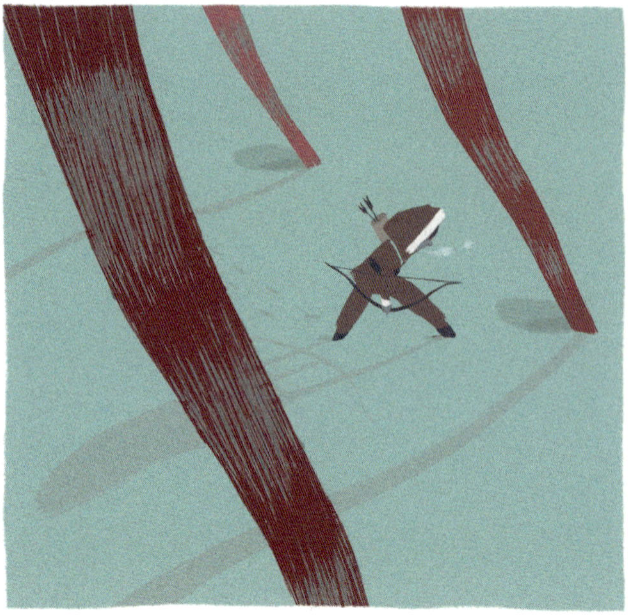

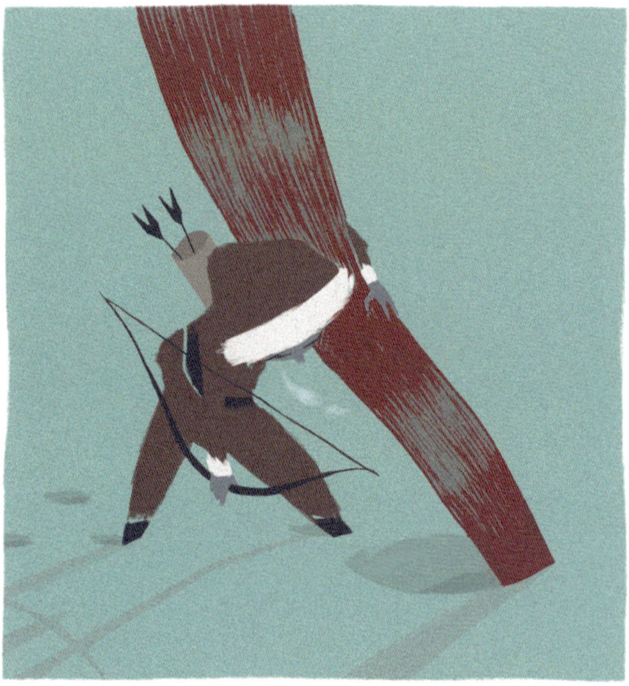

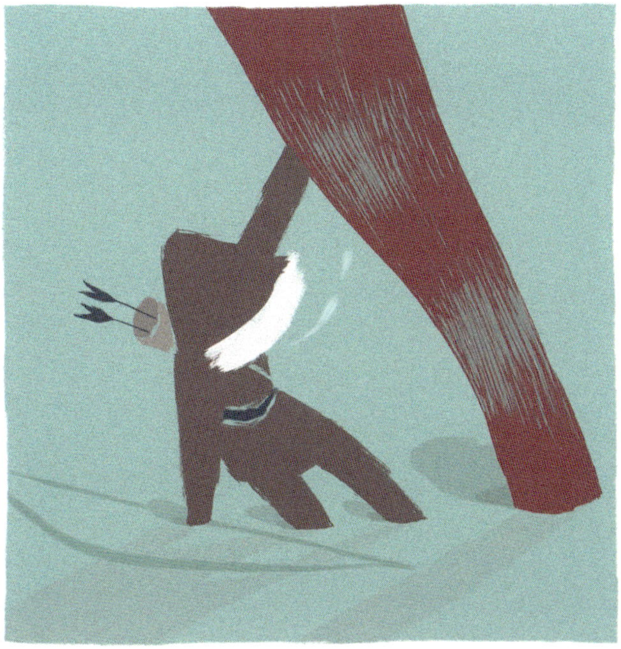

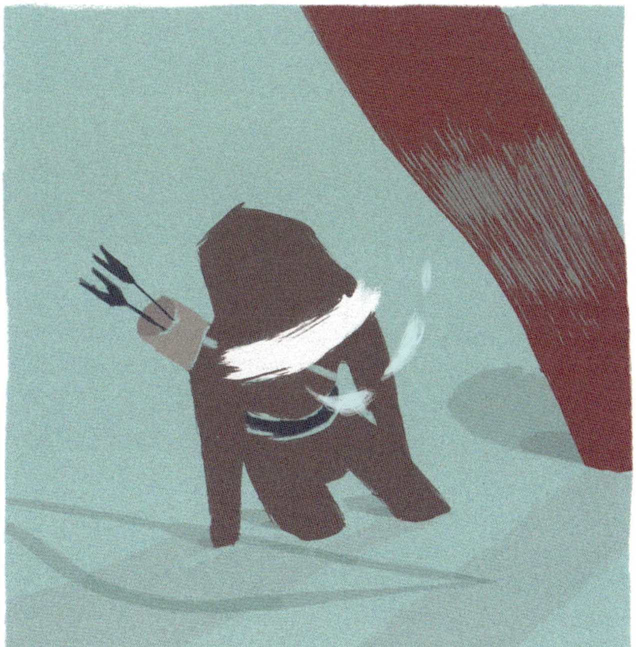

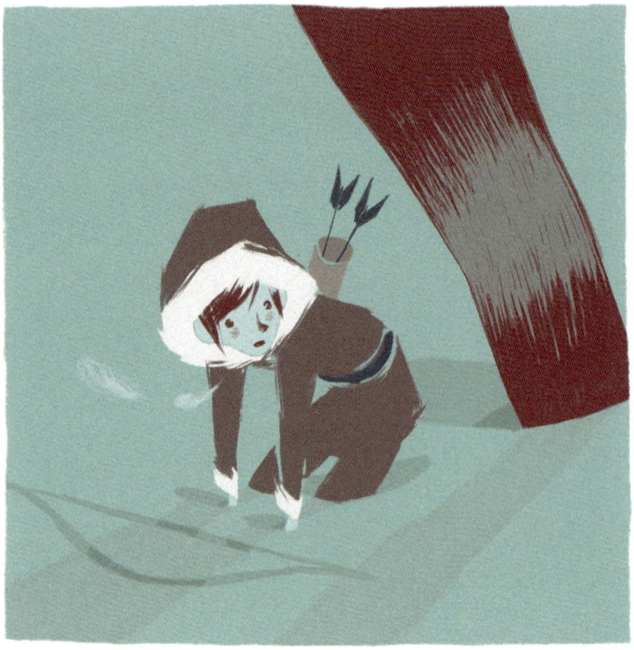

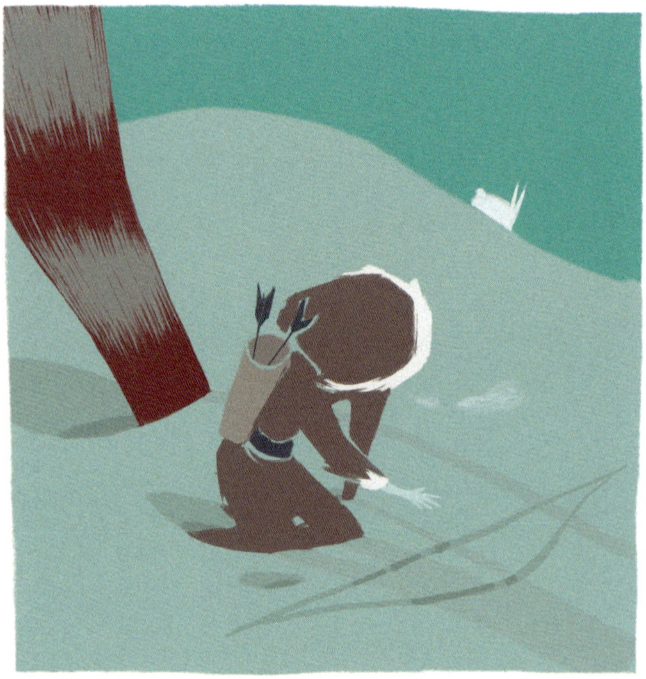

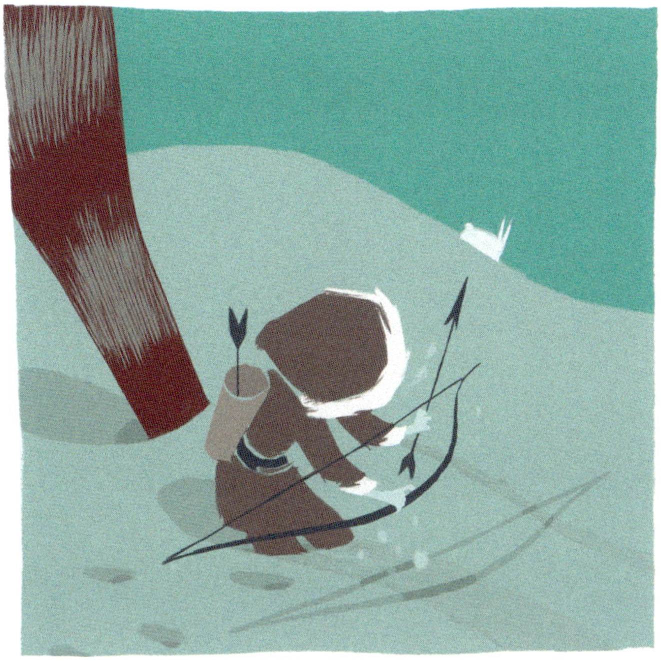

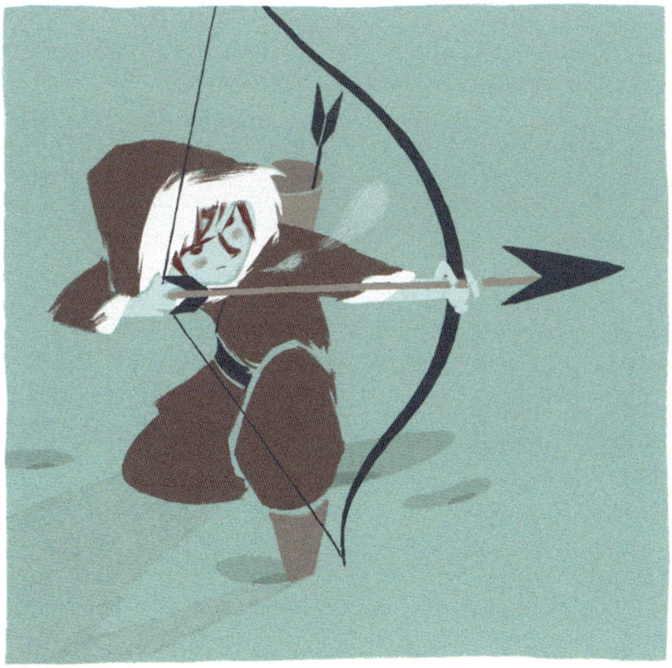

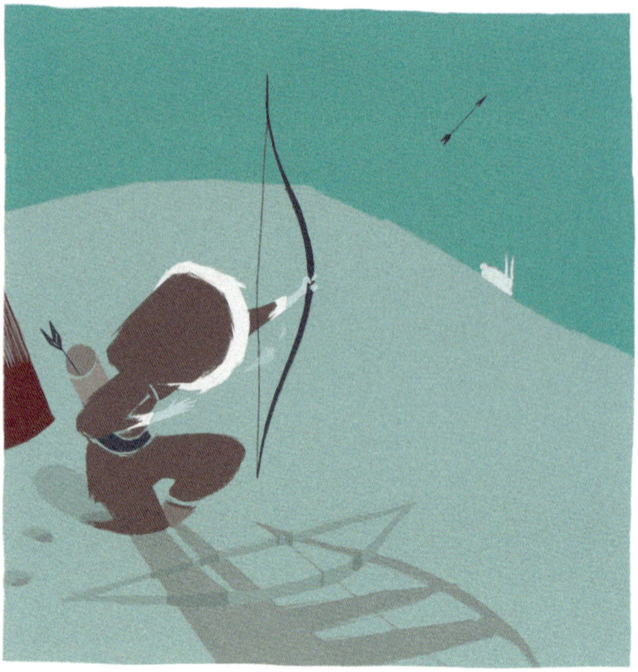

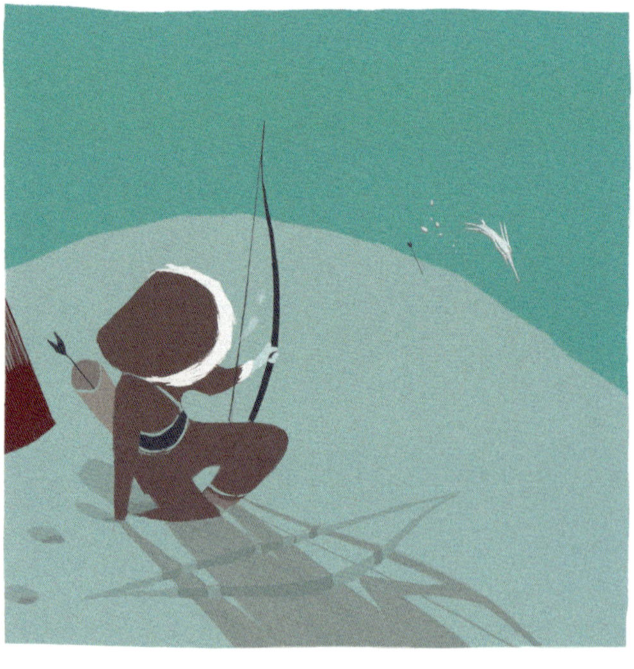

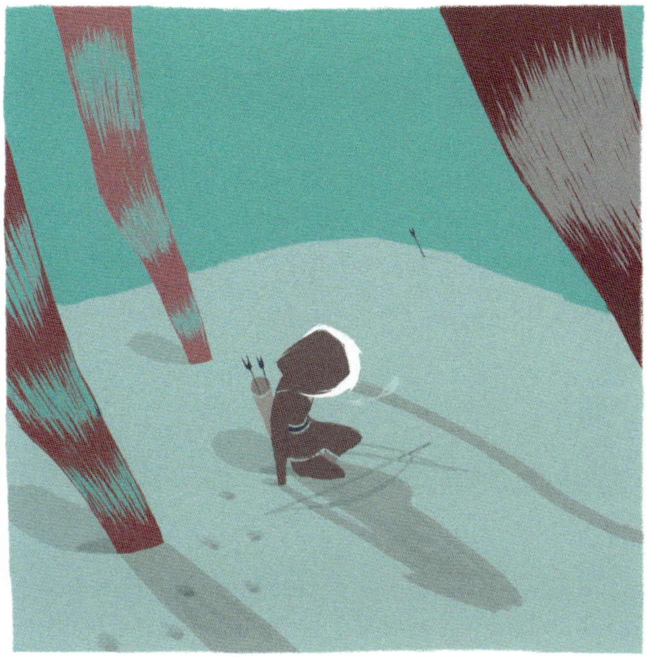

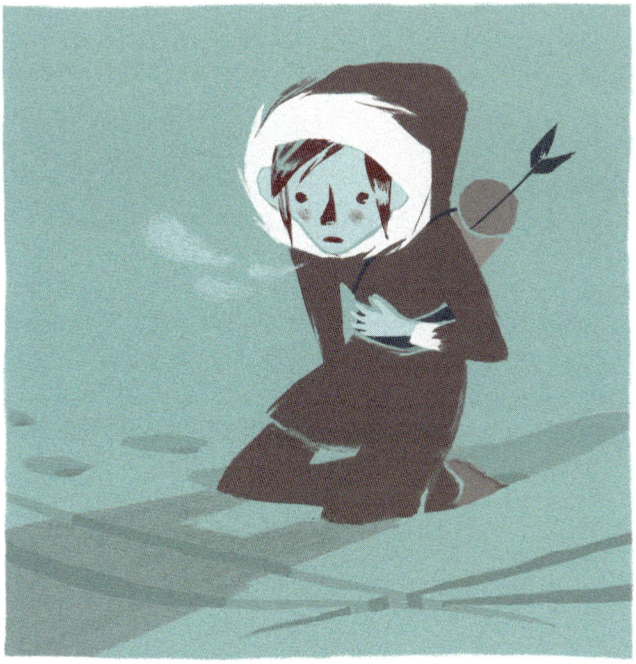

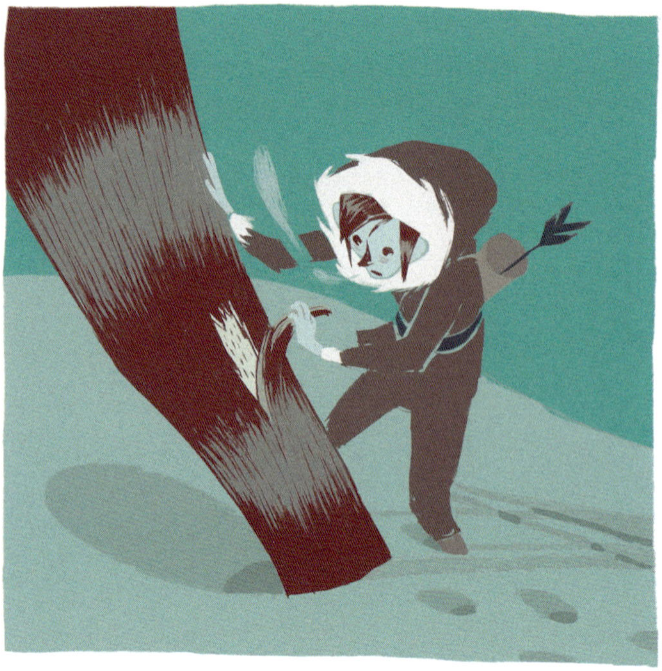

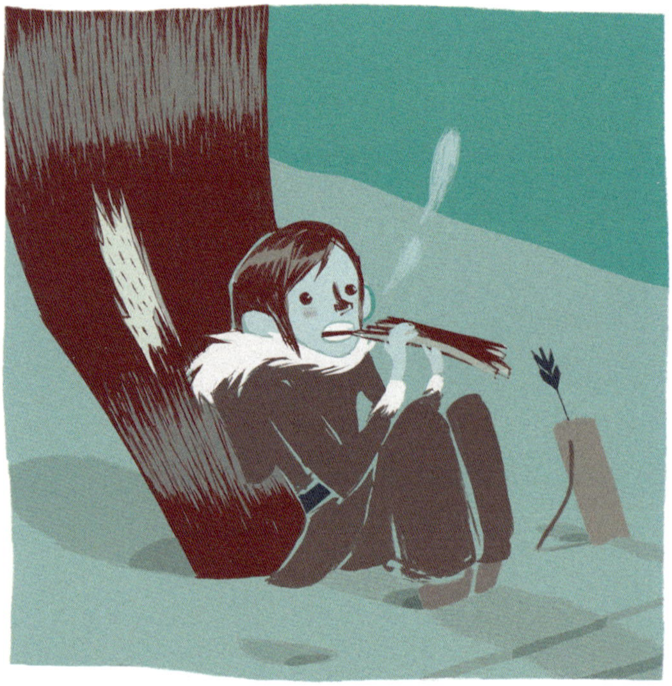

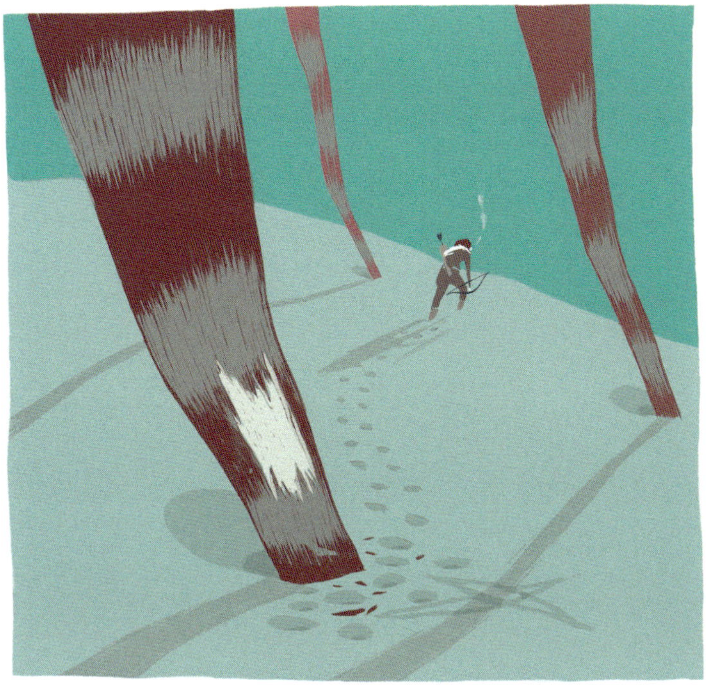

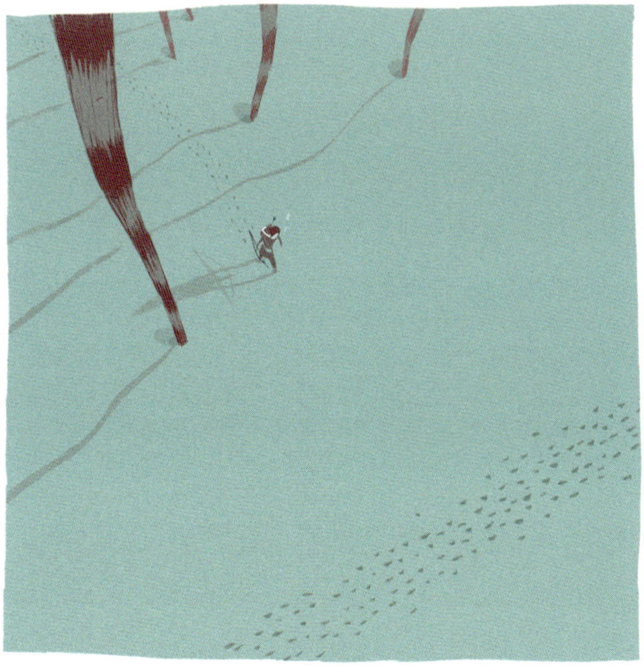

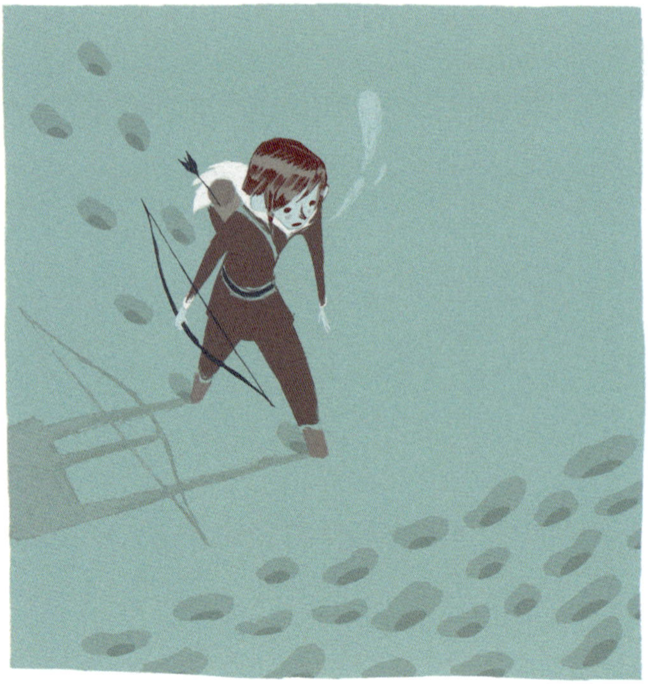

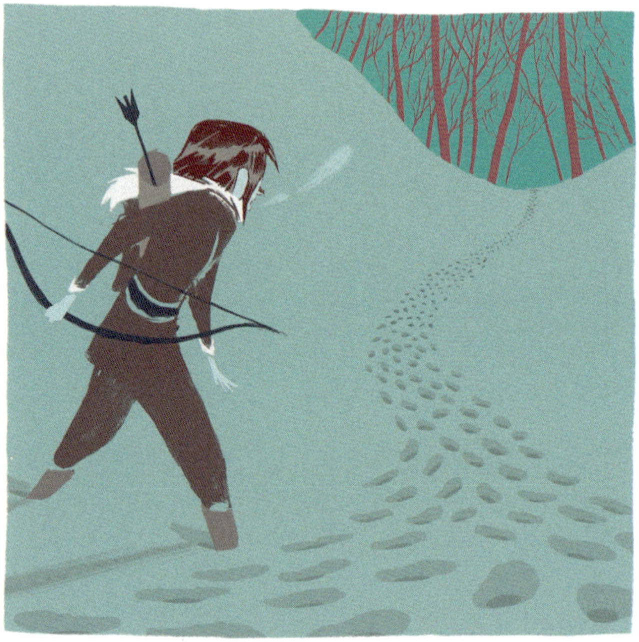

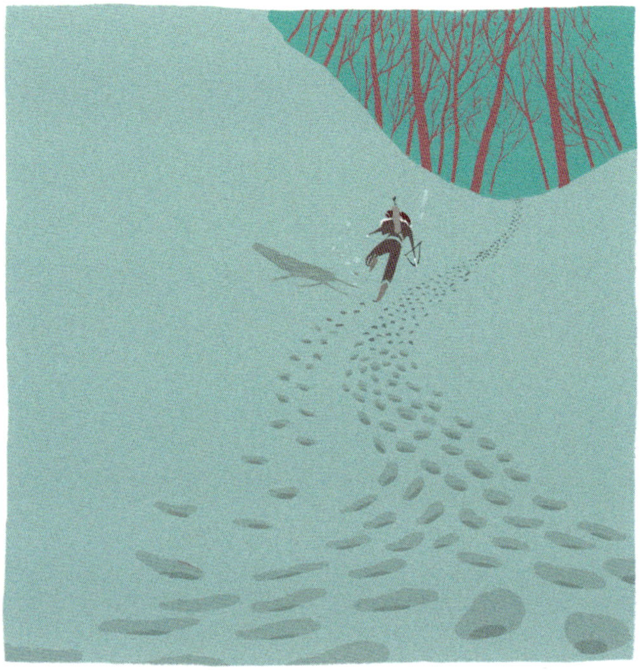

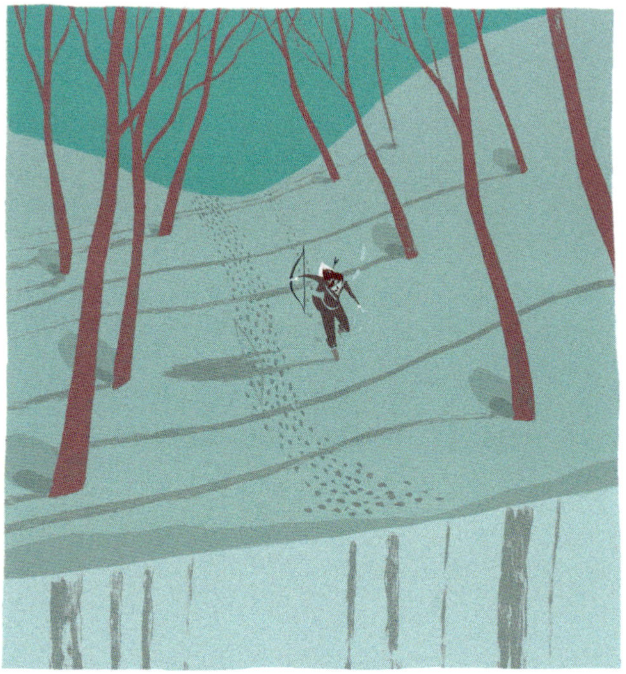

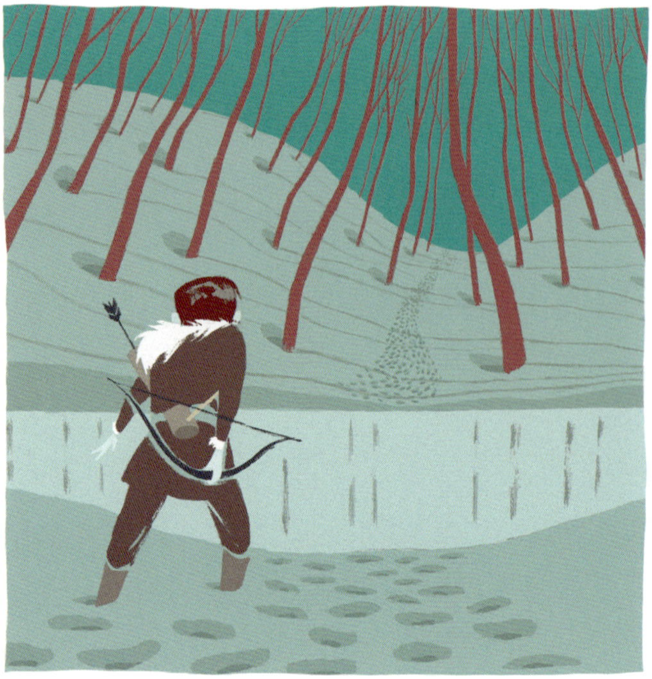

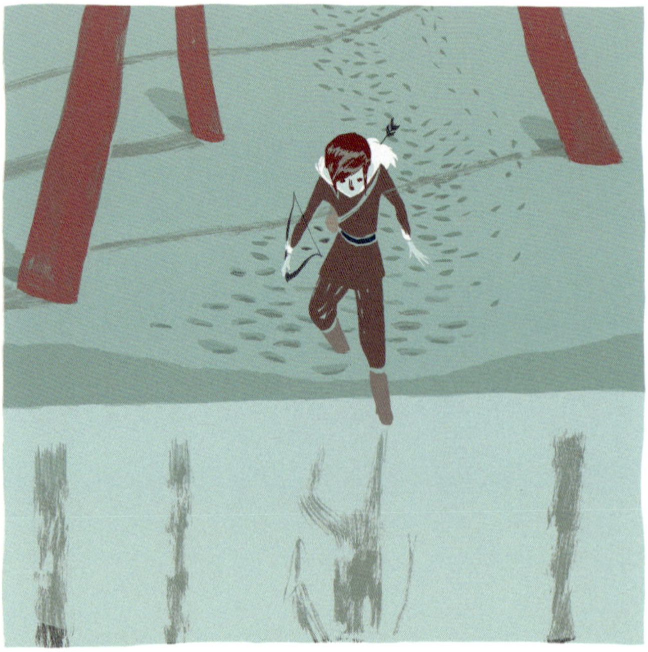

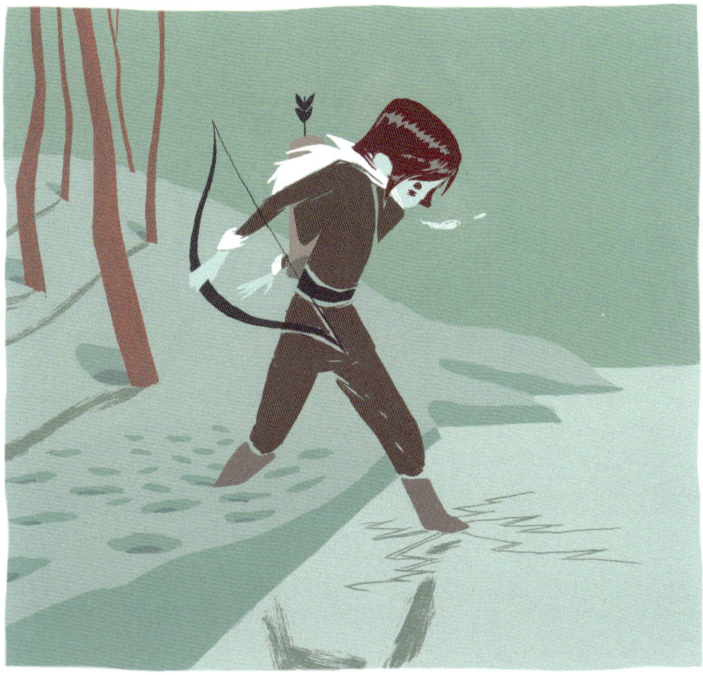

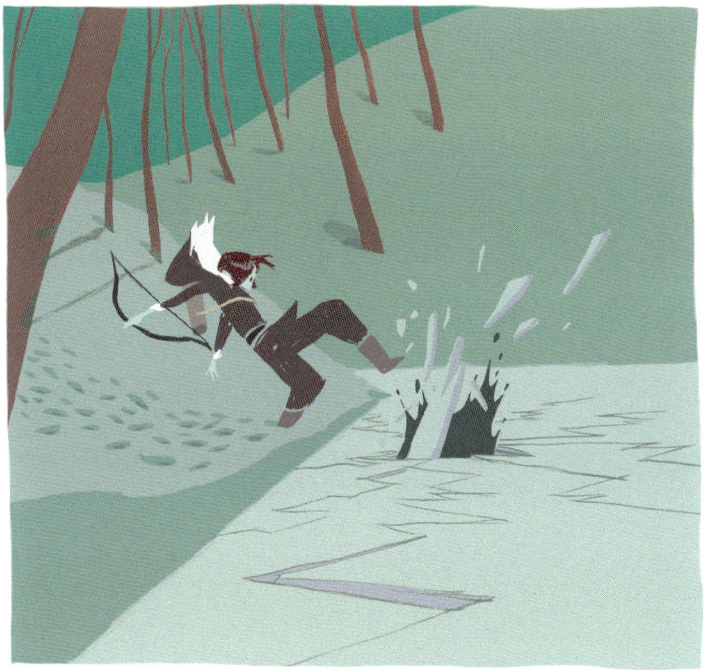

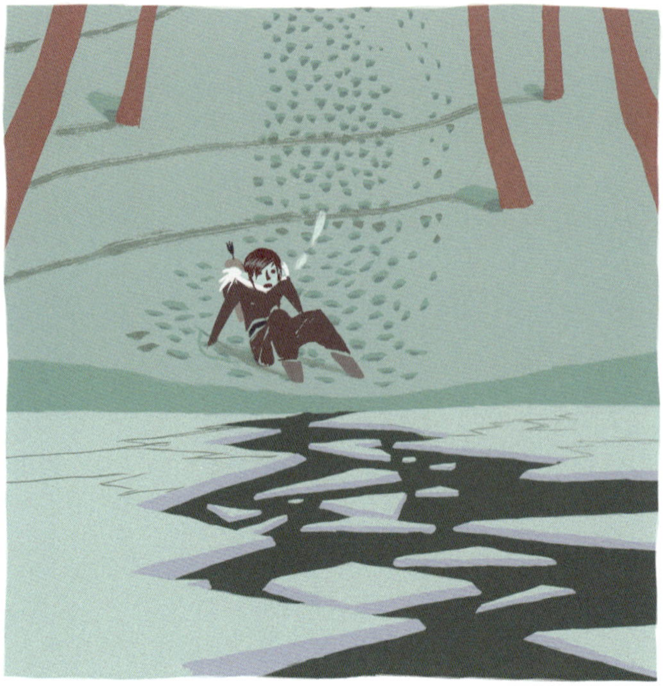

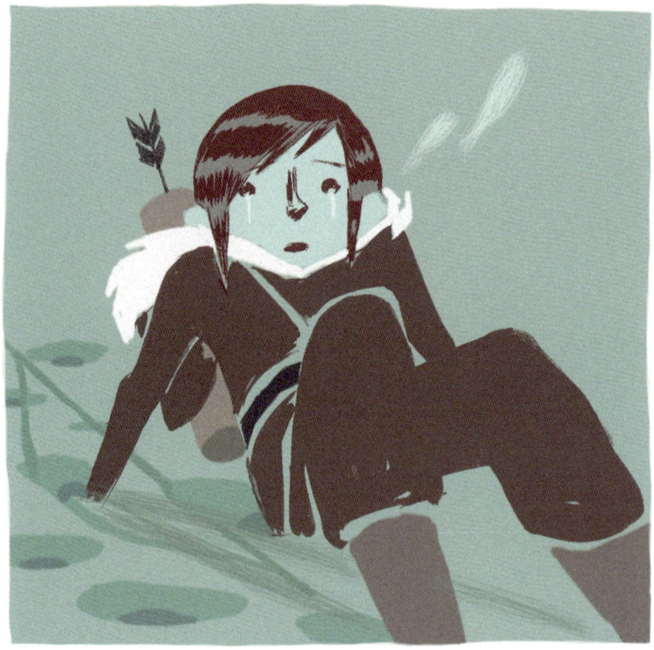

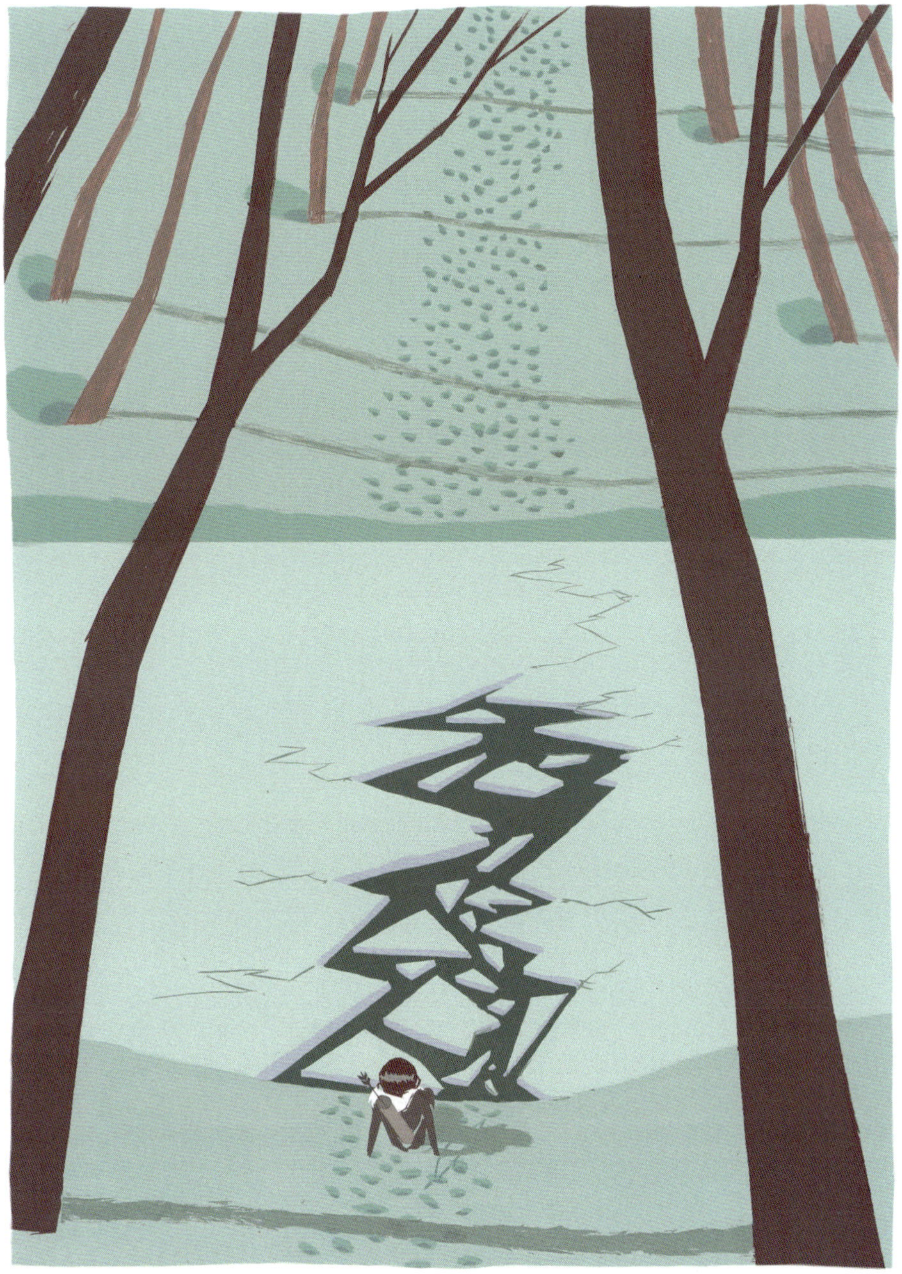

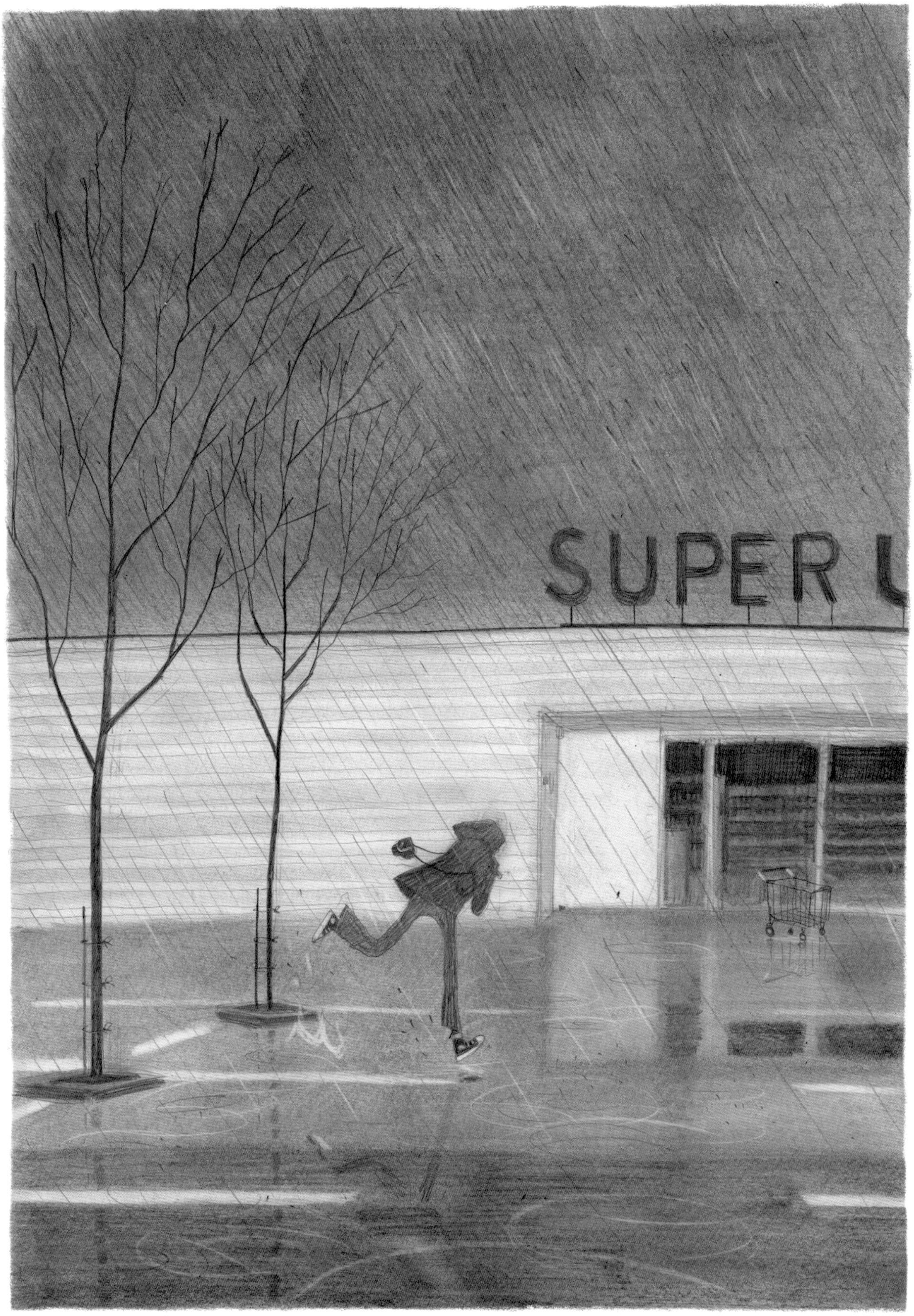
SUPER U

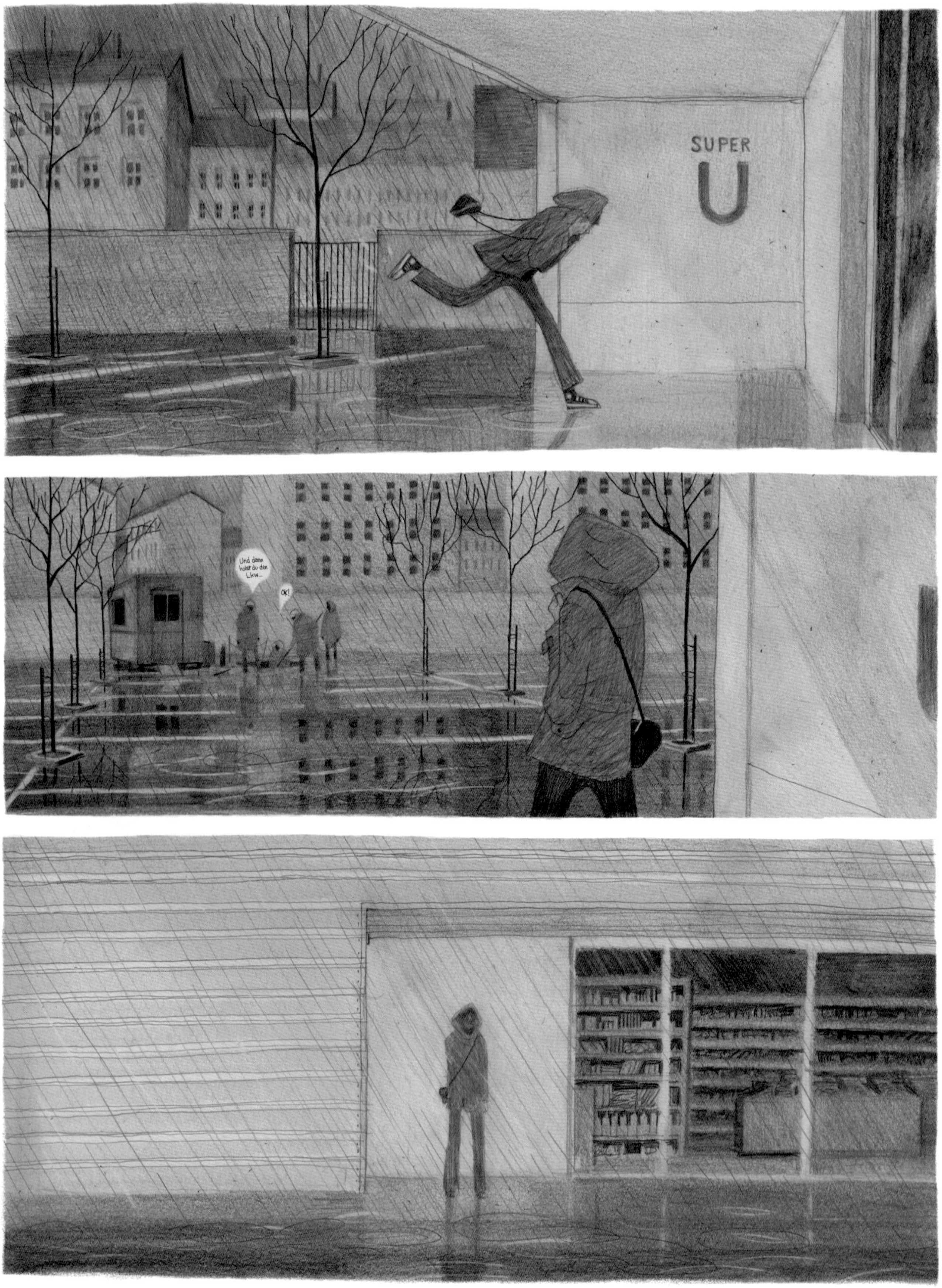
SUPER U
Und dann holst du den Lkw...
OK!

"Hey, Samir, worauf wartest du?"

"Nichts, ich geh schon …"

"Scheiße, Leute …"

"Ihr seid echt lahm heute."

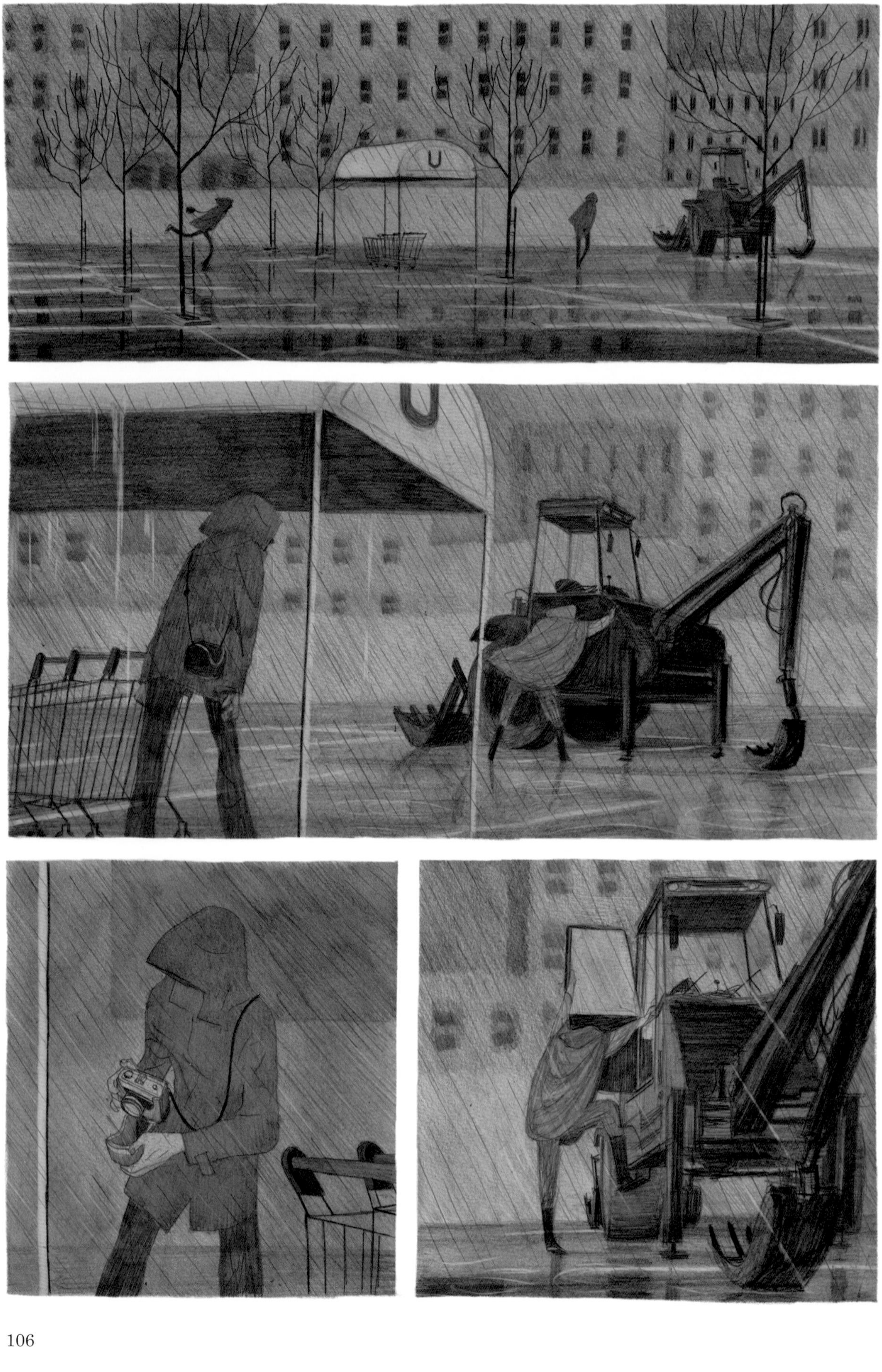
U

*klick*

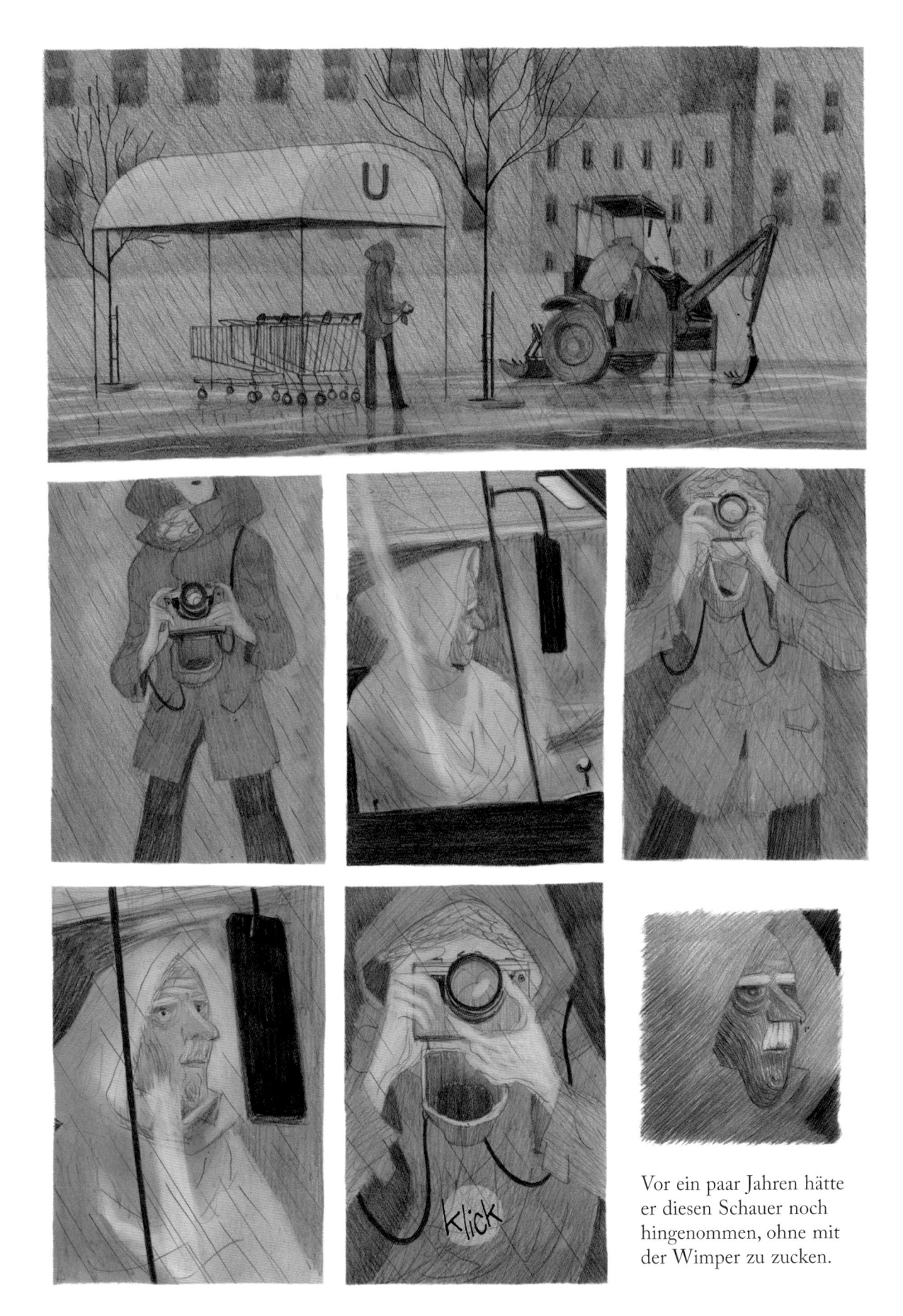

Vor ein paar Jahren hätte er diesen Schauer noch hingenommen, ohne mit der Wimper zu zucken.

Er wäre auf dem Weg zu seiner Maschine leichtfüßig über die Rinnsale gesprungen, durch die tiefen Pfützen gelaufen, hätte nicht einmal versucht, ihnen auszuweichen.

Jetzt ist das anders.

Die fünfzig Meter bis zum Baggerlader kamen ihm vor wie eine harte Prüfung.

Es ging nur noch darum, Schutz zu suchen. Kein Gedanke mehr daran, dass am Nachmittag noch Arbeit zu erledigen war.

Sein Körper entspannt sich allmählich, erfasst von dieser instinktiven Erleichterung, dieser gewaltigen, fast unangenehm warmen Welle, die einem sagt, dass alles in Ordnung ist. Morgen ist ein neuer Tag, du hast wieder einmal überlebt. Jeder braucht diesen Trost, selbst wenn die gewonnenen Schlachten lächerlich sind.
Allmählich fühlt er sich wirklich zu alt für das alles. Draußen hat sich der Supermarktparkplatz aufgelöst, ein für alle Mal vom Regen verschluckt. Die beschlagenen Scheiben sind nur noch matte, graue Lichtfelder, die Bullaugen eines dahintreibenden U-Boots. Sie bieten ihm für einen Moment das Panorama eines riesigen, bodenlosen Ozeans. Es wäre eine schöne Reise, diese Membranen zu durchdringen, ins Wasser zu gleiten, sich in seiner beruhigenden Neutralität aufzulösen, ohne Geschichte, ohne Wünsche oder Pläne. Zehntausend kleine Regenhämmer trommeln leise ihre Melodie und erinnern ihn daran, wo er ist.
Noch drei Wochen auf dieser Baustelle.
Angeblich hat die Firma einen Auftrag für den Rohbau eines Flughafens im Osten bekommen. Garcia hat es ihm gestern erzählt. Sie werden ihn brauchen, es geht nicht ohne einen erfahrenen Maschinenführer. Er hat keine große Lust auf eine letzte Baustelle am anderen Ende von Frankreich, ein paar Monate vor der Rente, wo doch seine Tochter im März ein Kind erwartet. Aber er hat ohnehin keine Wahl. Garcia wird ihm bis zum Schluss auf die Nerven gehen.
Immerhin gibt es dafür eine ordentliche Zulage. Zur Geburt des Kleinen kann das nicht schaden.
Seine Erstarrung lässt ein wenig nach, der Körper erwacht. Mechanisch massiert er seine schmerzenden Handflächen und mustert sich dabei im Rückspiegel. Dasselbe Gesicht wie zuvor, nur jedes Mal ein bisschen älter, das ist alles. Die beiden kennen sich schon lange, und doch ist jedes Treffen wieder eine Überraschung. Für eine Tausendstelsekunde hat er den Mann, dem die triefnasse Kapuze in die Stirn hängt, nicht erkannt. Ein kurzes Gefühl der Fremdheit, eine Disharmonie zwischen diesem Bild im Rückspiegel und dem, das er von sich selbst hat.
Seit achtundfünfzig Jahren betrachtet er aus dem Inneren seines Körpers heraus die Welt um sich herum, und so unbedeutend und vergänglich ihm seine eigene Existenz auch erscheint, er lässt sich doch immer wieder von der Illusion täuschen, genau im Mittelpunkt dieser Welt zu stehen.
Wenn das jedem so geht, werden wir die anderen niemals als die erkennen, die sie sind. Ebenso wenig wie sein Bild im Rückspiegel verrät, wer er ist.
Wir können einander niemals begreifen.
Jemand klopft an seine Scheibe und brüllt.
Garcia.
Er solle endlich seinen Arsch bewegen und mit diesem verdammten Loch fertig werden. Er startet den Motor. Er würde diese Gedanken gern im Kopf behalten, um heute Abend mit seiner Tochter darüber zu sprechen, wenn er sie besucht. Garcia schreit weiter herum wie ein Irrer, ja, er muss sich auf jeden Fall daran erinnern, damit er ihr davon erzählen kann. Die Maschine setzt sich in Bewegung, der Greifarm hebt sich langsam vom Boden, er hätte irgendetwas verstehen sollen, Garcia verschwindet, um jemand anderen anzuschreien, aber worum geht es eigentlich? Der Regen scheint nachzulassen, die Schaufel dringt mühelos in die Erde, bis heute Abend ist er sicher fertig mit dem Loch, wenn nur der Regen ein bisschen nachließe.

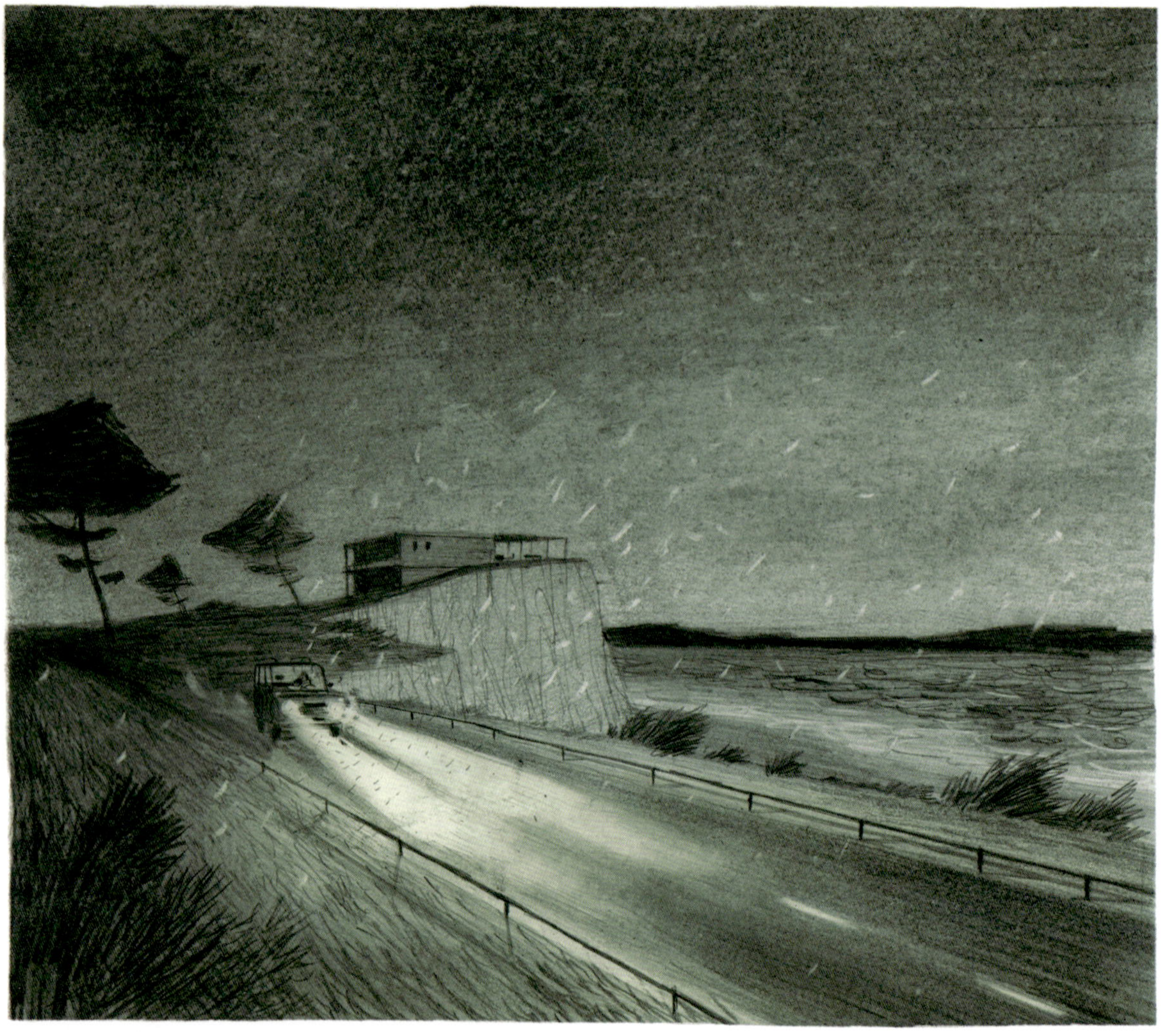

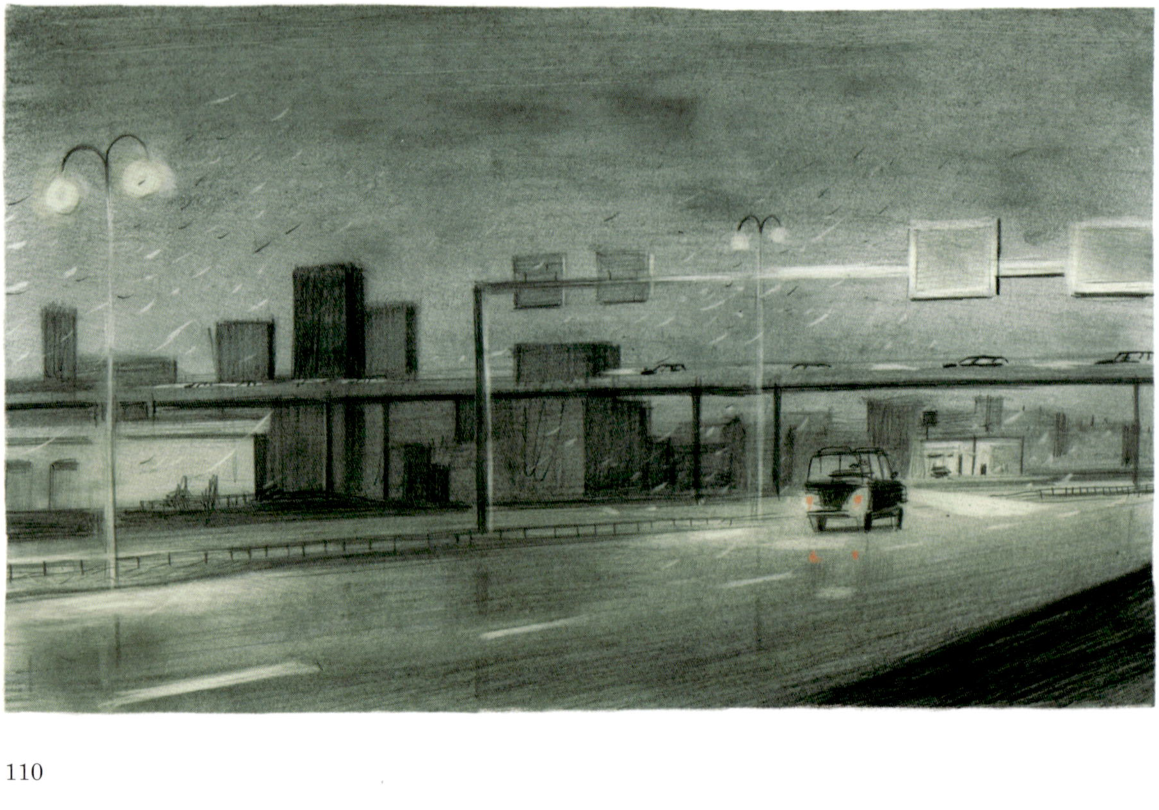

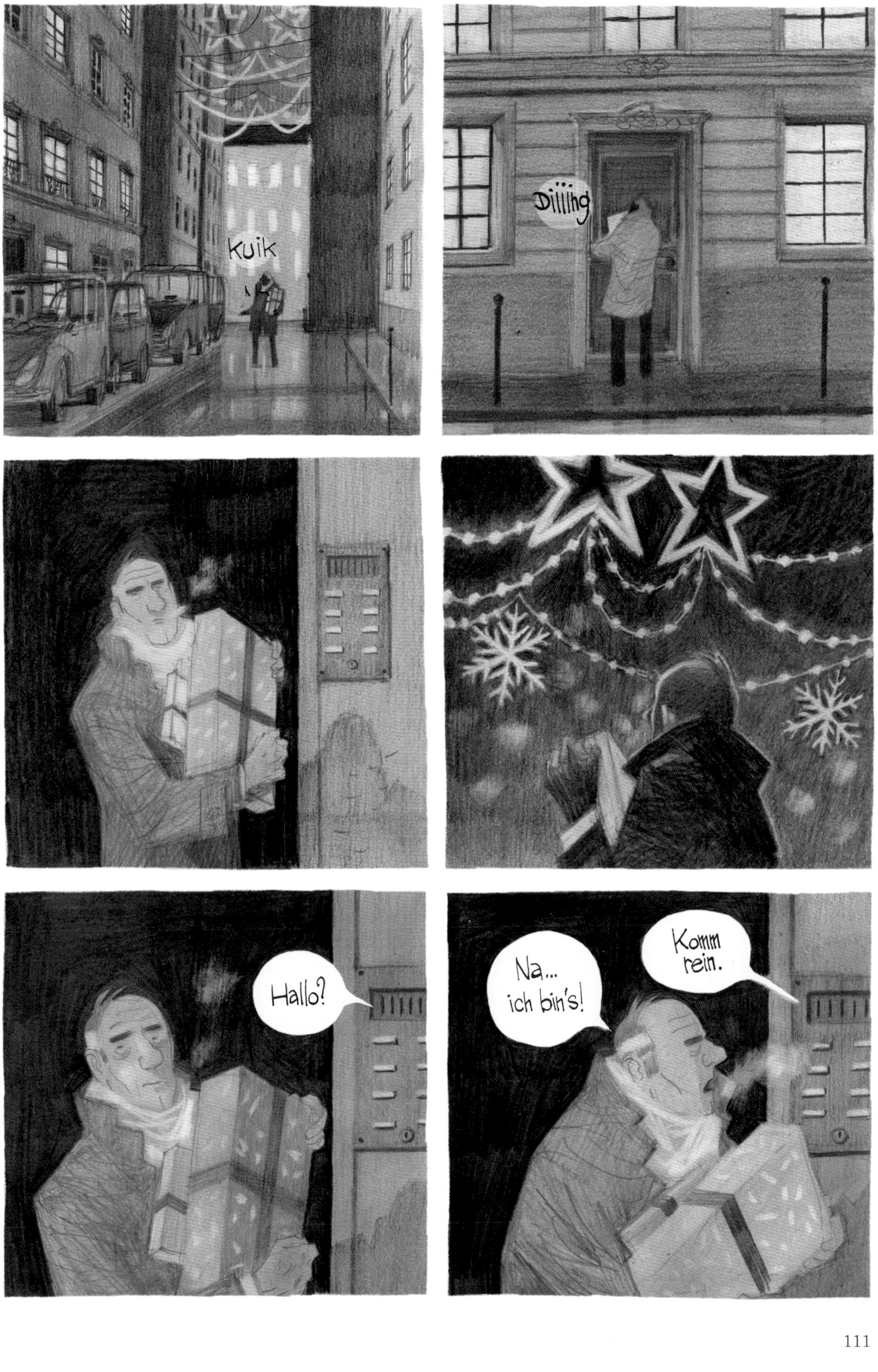
KUIK
Diiiing
Hallo?
Na… ich bin's!
Komm rein.

— Darf ich rauchen?
— Ja... Ich hab auch wieder angefangen.

— Willst du eine?
— Gern...

— Danke.

— Pauline war diese Woche ganz traurig...
— Wegen Miezi.

— Mmh. Ich hätte nicht gedacht, dass es so teuer ist, eine Katze einzuschläfern...
— Ich hätte Tierarzt werden sollen...

| | |
|---|---|
| Wie einfühlsam du bist... / Ich *bin* einfühlsam. | Hahaha! |
| | Unfassbar... / Was? |
| Dass du mich so schlecht kennst... | |

Bist du noch mit diesem Typen aus dem Rathaus zusammen?
Sylvain.
Ja.
Und du?
Ich?
Nichts.
Wo bleibt Pauline denn?
Sie telefoniert in ihrem Zimmer.
Glaub ich...
Meine Güte, das nervt...
Sie ist fünfzehn...
Aber sie redet stuuuuuundenlang über sinnloses Zeug, anstatt...
Keine Ahnung. Sie interessiert sich für nichts...
Für gar nichts.
Hast du mal ihre Freundinnen gesehen??
Die sind dumm wie Brot, wirklich...
Hör auf!
Du nervst.

**Panel 1:**
— Über jeden musst du eine Meinung haben, und alle anderen sind sowieso dumm und langweilig...
— Das stimmt nicht.

**Panel 2:**
— Doch.
— Nein. Das hab ich nie gesagt, verdammt!

**Panel 3:**
— Du hörst mir gar nicht zu.
— Du merkst es nicht mal mehr...

**Panel 4:**
— Du urteilst über jeden, die ganze Zeit, pausenlos. Aber jetzt ist es mir egal, es geht mich nichts mehr an. Das ist dein Problem, Vincent. Sag doch, was du willst.
— Aber nicht über Pauline!
— Das lasse ich nicht zu.

**Panel 5:**
— Sie ist eine ganz normale Fünfzehnjährige!
— Also lass sie in Ruhe!
— Ach ja...
— Ich urteile über andere, aber du...
— Was macht ihr da??

Könnt ihr keine zwei Sekunden zusammen sein, ohne euch anzuschreien?
Euch mal ein bisschen beherrschen?
Wenigstens, wenn wir zu dritt sind?
Ist das zu viel verlangt?
Pauline.
Ich...
Ihr seid so ätzend!
Beruhig dich...
Nein!
Ihr denkt nur an eure eigenen Probleme!
Aber eure Probleme sind scheiße!
Sie kotzen mich an!
Sie hat recht...
Halt's Maul!
Halt's Maul!
Hört auf!!

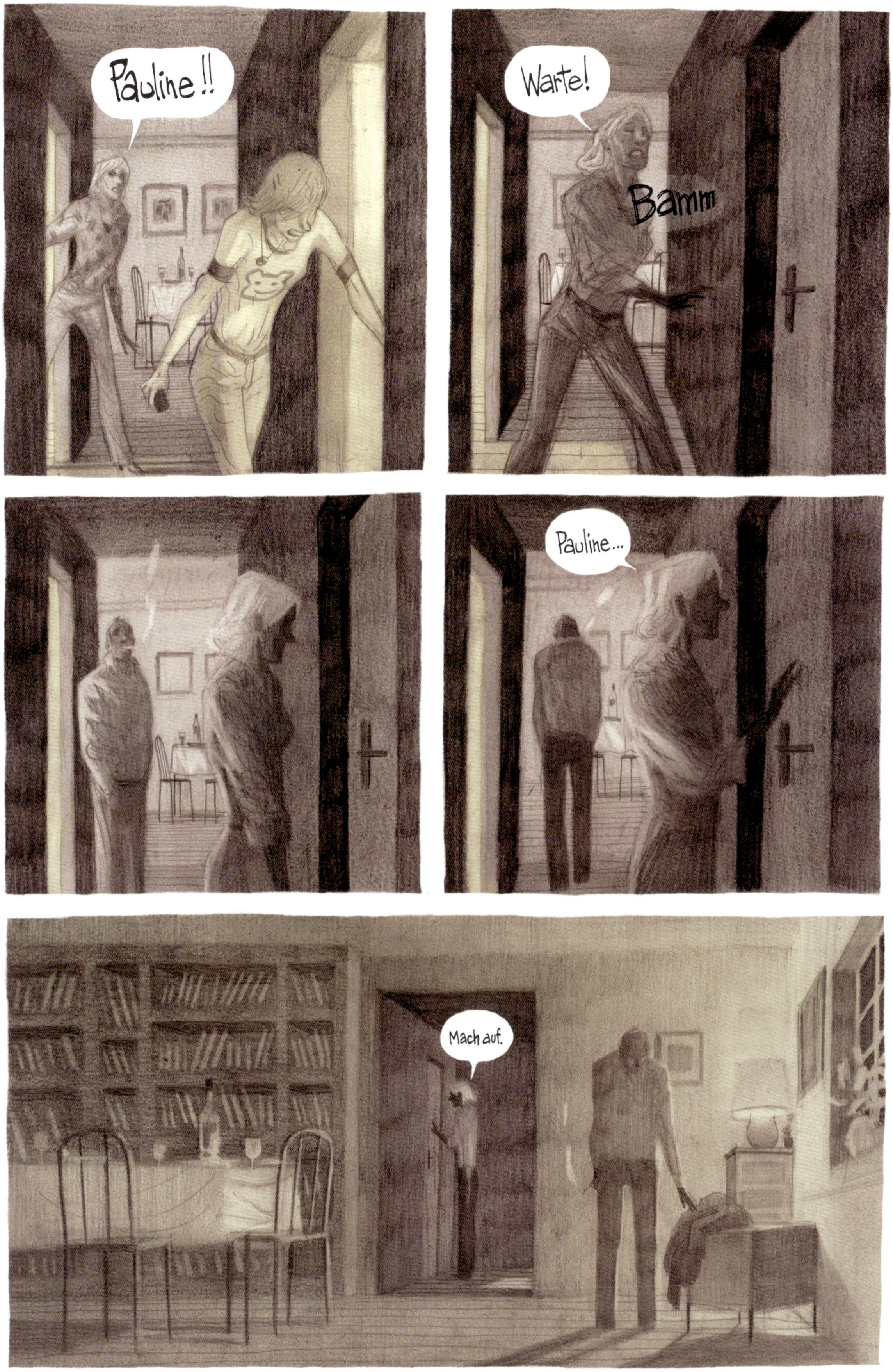
Pauline!!
Warte!
Bamm
Pauline...
Mach auf.

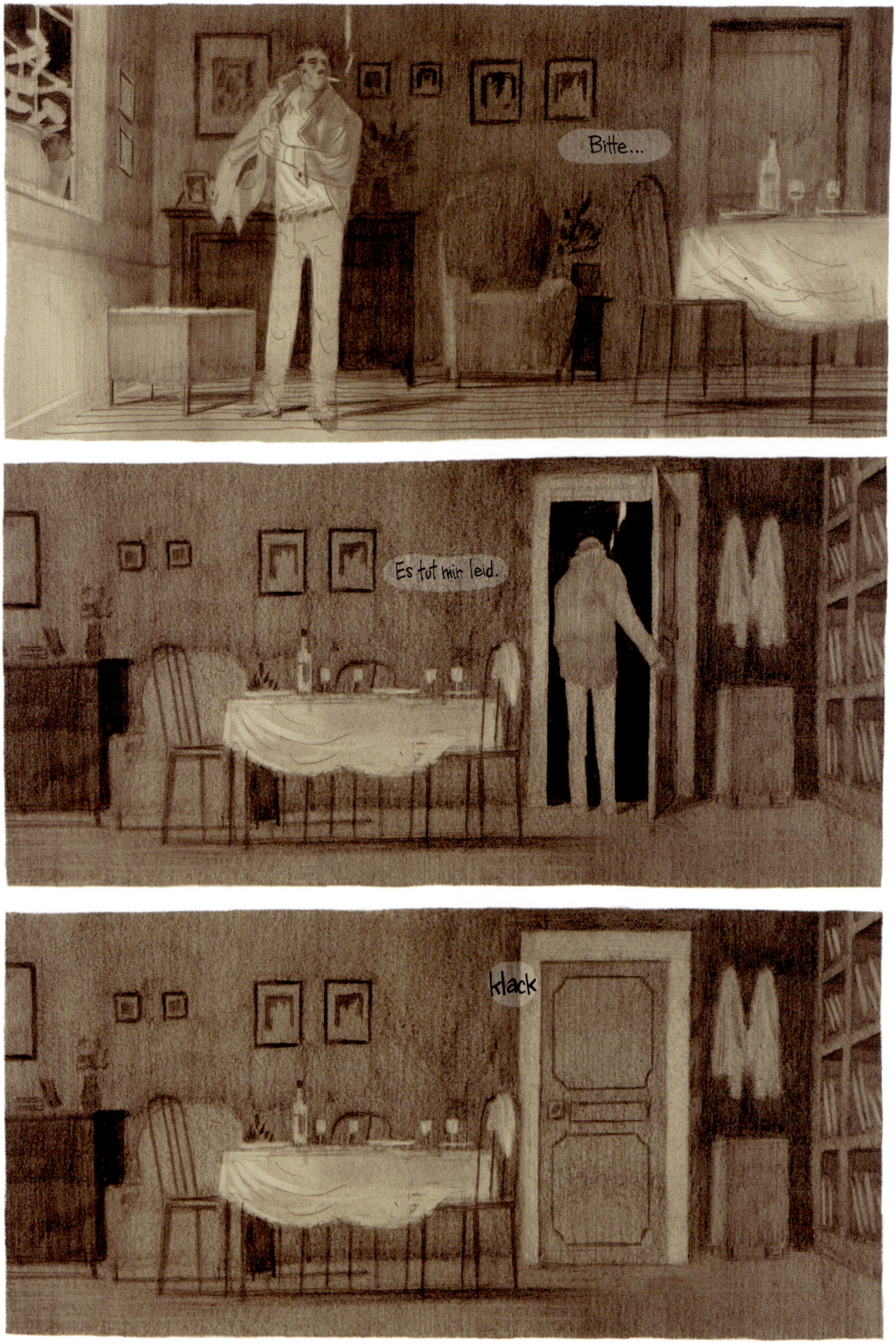
Bitte...
Es tut mir leid.
klack

BAUSTELLE
Betreten verboten

Flughafen NEIN!

Mann...
Da kommt was runter.
Hierhin?
Ja...
Vielen Dank.
Hast du Zeit für einen Kaffee? Oder einen Génépi, zum Aufwärmen?
Mm...
Lieber Kaffee...
Ich muss noch fahren.

"Ich kann nicht lange bleiben, sie erwarten mich um neun."

"Weihnachtsessen bei den „Schwiegerleuten"??"

"Ja."

"Ich fühl mich jetzt schon schlecht."

"Ich werd zu meiner Freundin ziehen."

"Ah, schön. Das ist gut."

"Ich freu mich für dich."

"Ich wollte vielleicht morgen schon mal ein paar Sachen abholen..."

"Ist das okay für dich?"

"Ja."

"Kein Problem."

Ich denke in letzter Zeit oft an Catherine...
Sie ist brillant. Sie war schon immer viel intelligenter als ich.
Na ja...
Sie könnte mehr draus machen.
Sie stellt sich doch nicht schlecht an, oder?
Hmm... Ich hätte keinen Bock, dieses Flughafenprojekt zu unterstützen, um in der Regierung zu bleiben.
Es gibt keine Lösungen. Es gibt nur Entscheidungen.
Du musst sie nicht treffen.
Aber sie schon.
Trotzdem...
Ärgert es dich nicht, dass sie sich nie bei dir bedankt hat?
Sie ist mir nichts schuldig.
Genauso wenig wie du oder Aïsha, wenn ihr bei mir wohnt.
Ich erwarte keine Gegenleistung.

So hab ich das nicht gemeint...
Doch, du hast es so gemeint.
Aber das macht nichts.
Als ich noch ein Knirps war, hat dieses Haus einer alten Frau gehört...
Sie war ein richtiges Kraftpaket. Mit über 85 hat sie ihr Holz für den Winter noch ganz allein gehackt.
Ich hatte fast ein bisschen Schiss vor ihr.
Im Krieg hat sie jede Menge Leute versteckt, Flüchtlinge von überall her, die in die Schweiz wollten.
Einmal hab ich sie überrascht, als sie einen Kerl in die Scheune brachte.
Sie hat mich angesehen, mir einen Finger auf den Mund gelegt und gesagt: „Er hat Hunger und er friert."
Das hab ich nie vergessen.

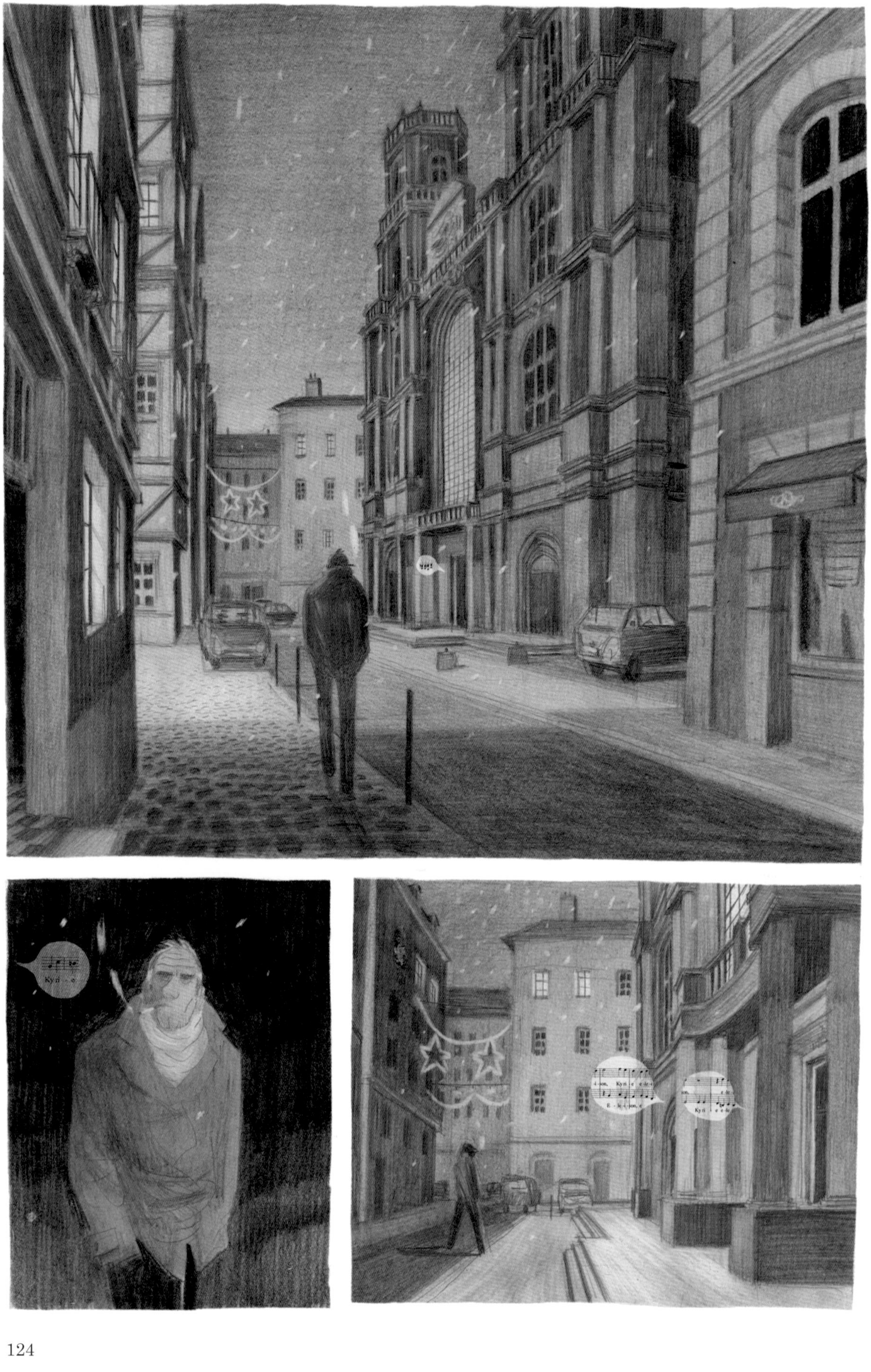

Da ist zu.

Wieso zu?? Jetzt beginnt doch die Christmette!

Ah... Kann sein.

Warum beten Sie nicht zu Hause, Gott ist überall!

Angeblich...

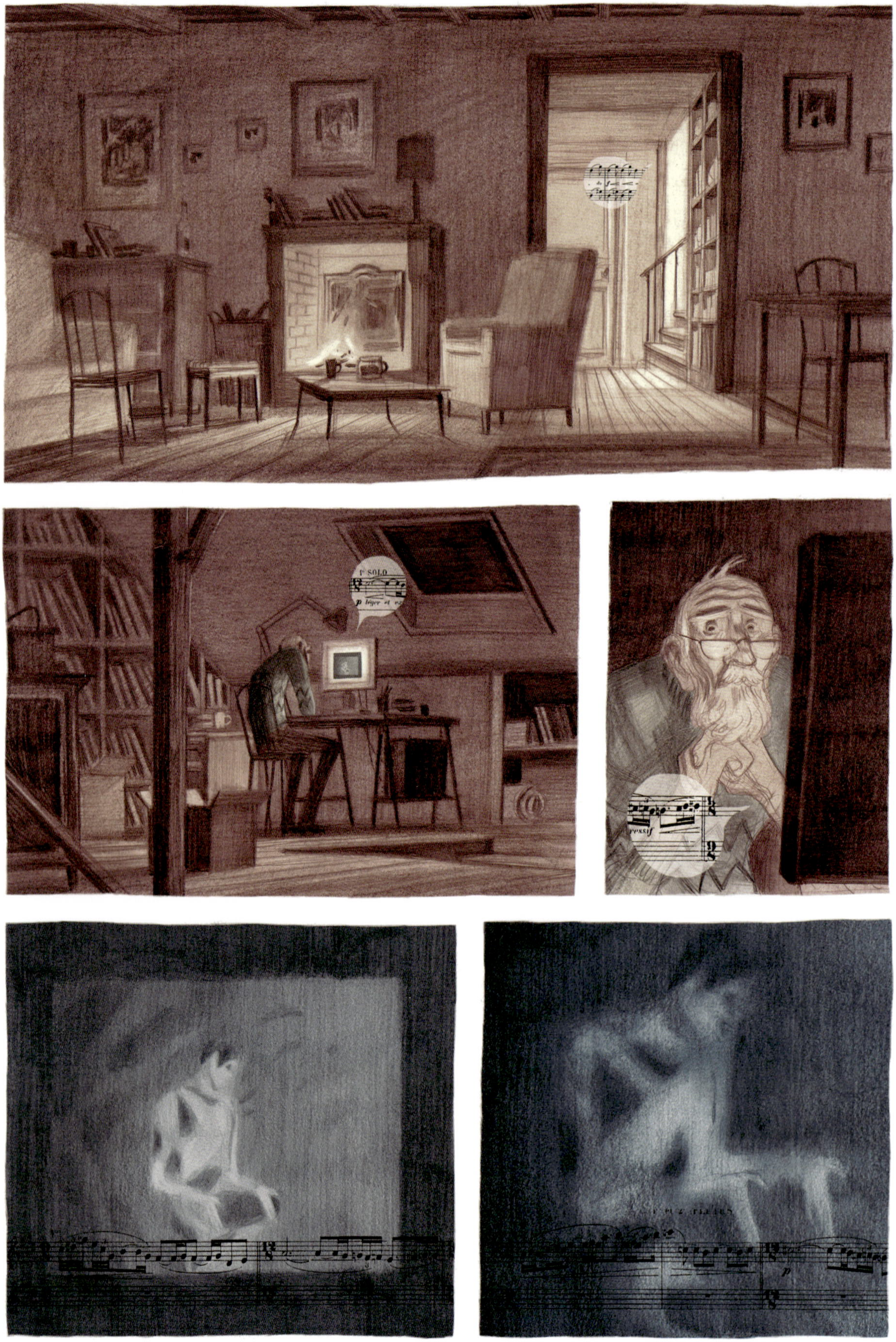
SOLO
léger et

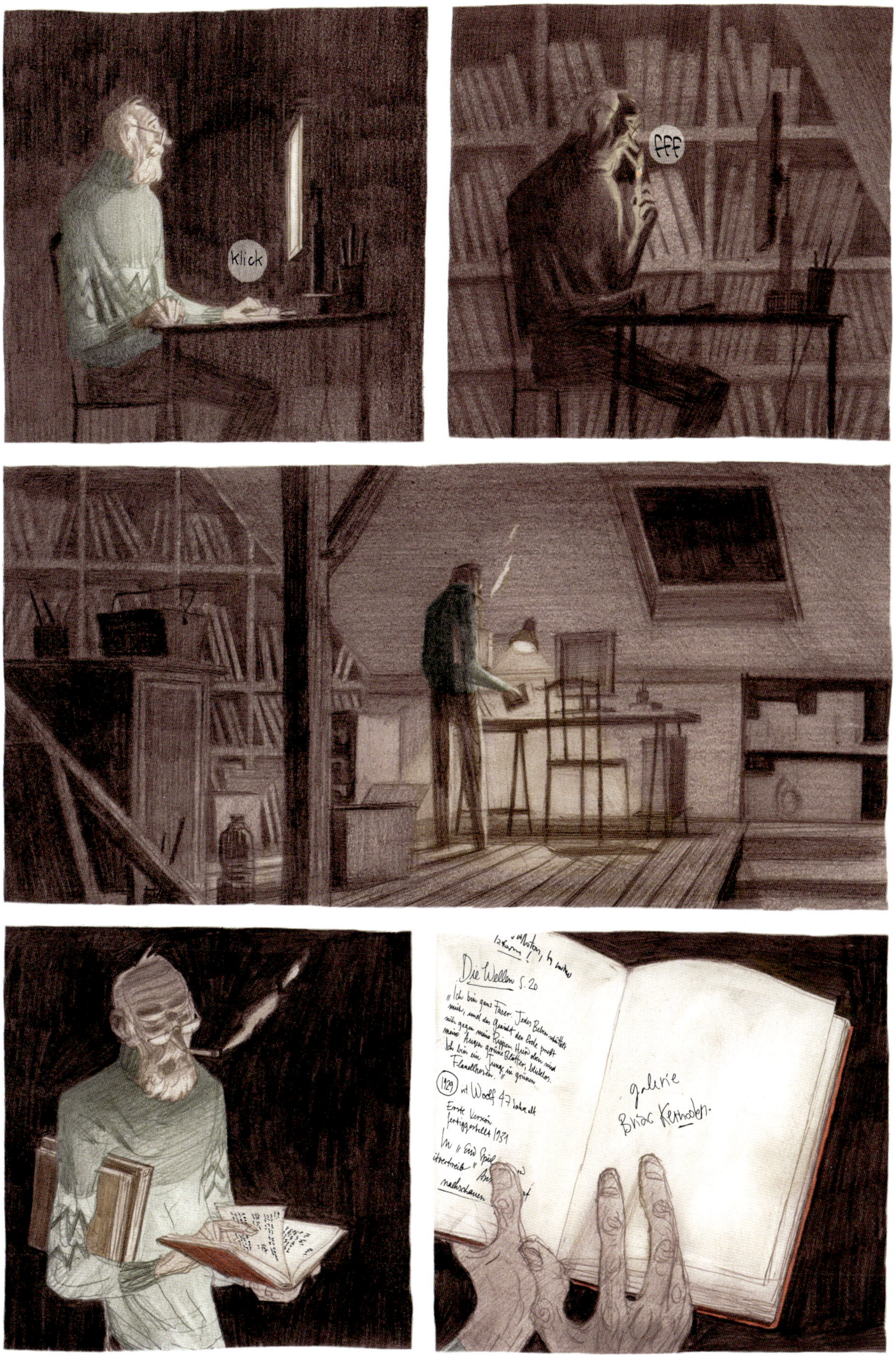

Bip.

Neue Nachricht... ...gestern... ...1 Uhr 35.

Das war das letzte Mal, Vincent. Du setzt keinen Fuß mehr in meine Wohnung.

Mit Pauline regeln wir das irgendwie anders, aber...

Bip.

Neue Nachricht... heute... 10 Uhr 16.

Hallo Bruderherz, hier ist Damien!

Ich wollte dir sagen, dass ich dich vielleicht bald besuchen komme... Ich melde mich noch mal.

Frohe Weihnachten, Vincent.

Bip.

klick

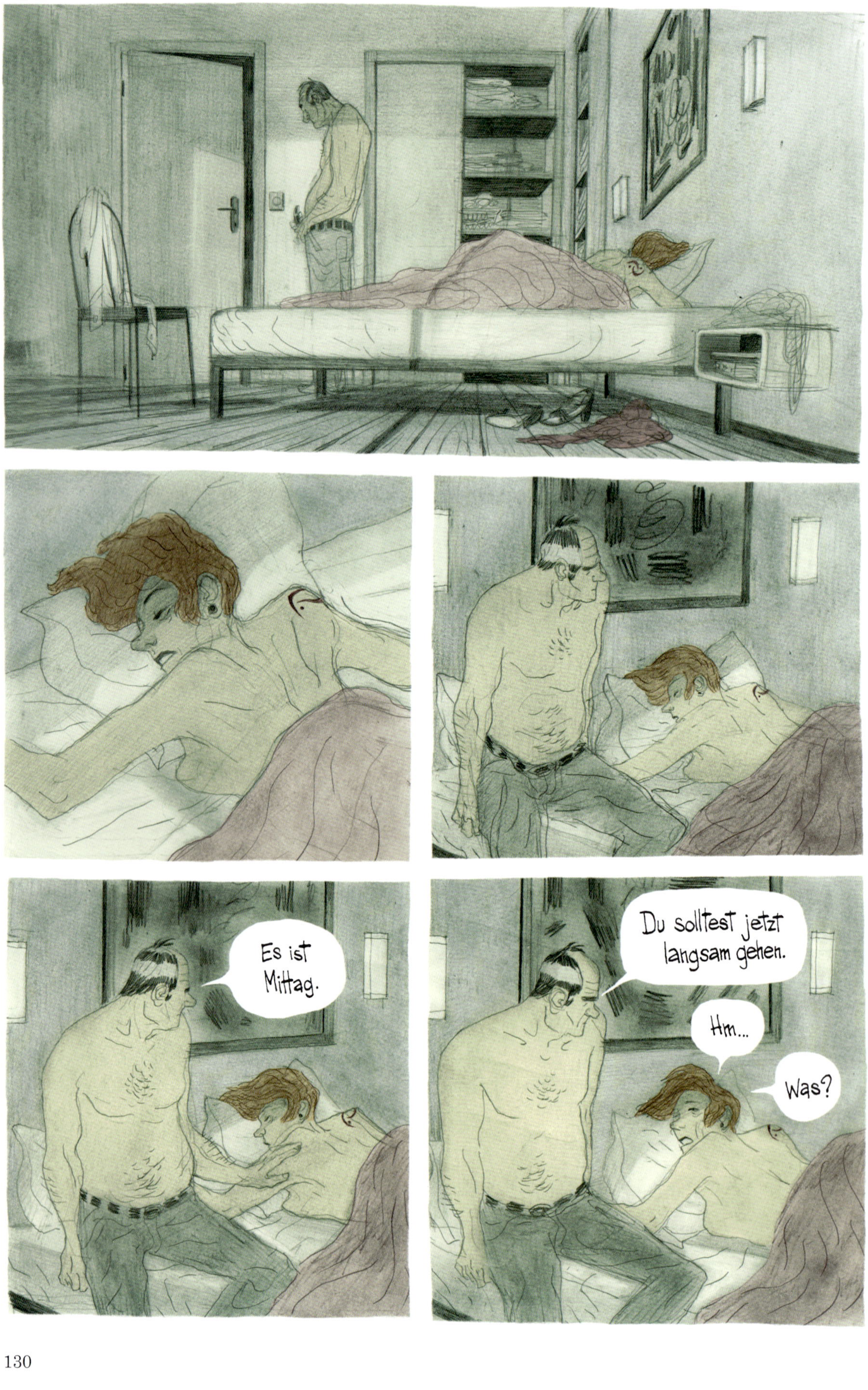
Es ist Mittag.
Du solltest jetzt langsam gehen.
Hm...
Was?

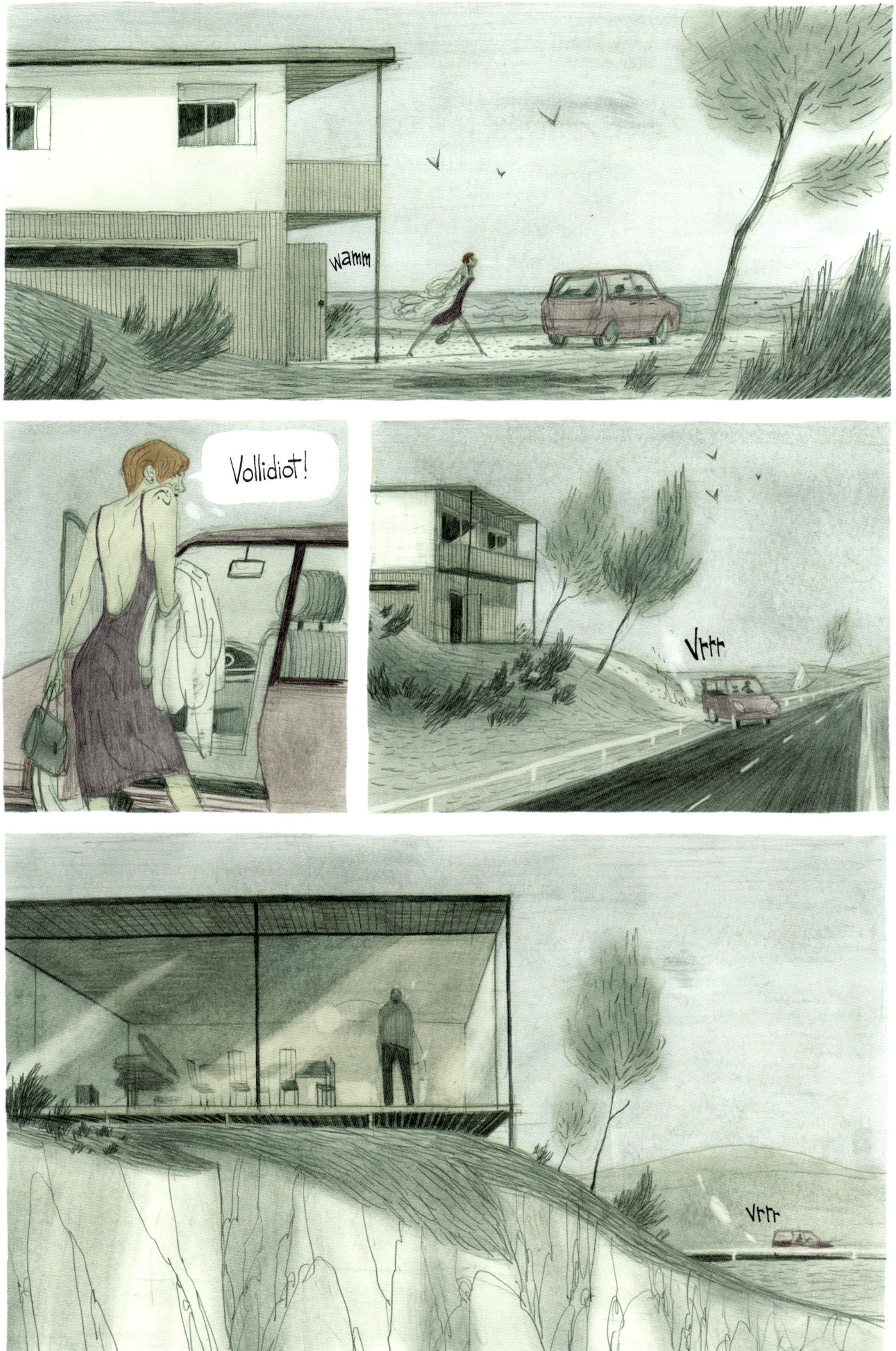
wamm
Vollidiot!
Vrrr
Vrrr

War's das?
Bist du fertig?
Fast, aber ich krieg nicht alles mit.
Ich komm noch mal vorbei...
Ist ja sowieso gerade niemand anders hier, also falls du doch wieder eine Bleibe brauchst...
Na ja, aber das will ich dir nicht wünschen.
Was machst du da?
Wirfst du die weg?
Sollte ich wohl...

— Aber ich bring's nicht fertig.
— Ich hab keinen Platz mehr, deshalb kommen sie jetzt auf den Dachboden.
— Und warum behältst du sie dann? Du liest sie doch sowieso nicht noch mal...
— Nein, das stimmt.

— Das hier hab ich auf einer Fahrt über den Ärmelkanal gelesen...
— Es war sehr kalt auf dem Schiff. Wir sind zu zweit losgefahren. Und dann...

— Dann bin ich allein zurückgekommen.

— Und das da, was ist das?
— Ähm... „Vineland". Von Thomas Pynchon... Kenn ich nicht...

Ich glaube, das hat Catherine mir geschenkt.

Nachdem wir den zweiten Wahlkreis gewonnen haben.

Ich hatte nicht viel Zeit, es zu lesen.

Ich hab mir nie genug Zeit für so was genommen...

Leider.

Aber wegwerfen geht nicht.

In jedem steckt ein Teil meines Lebens.

Nimm du es.

Es wird dir gefallen.

Äh... Danke.

Gerne.

Frohe Weihnachten.

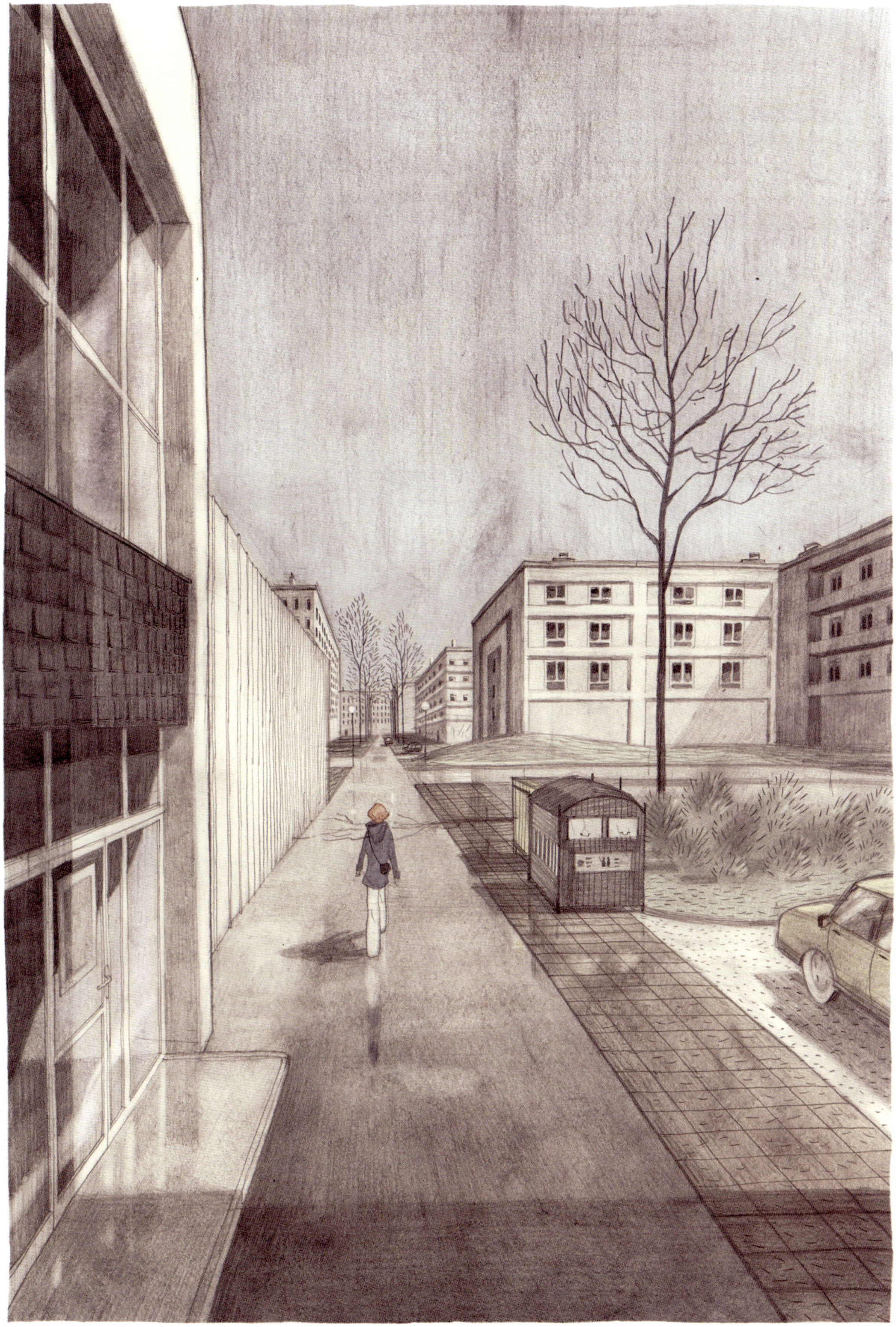

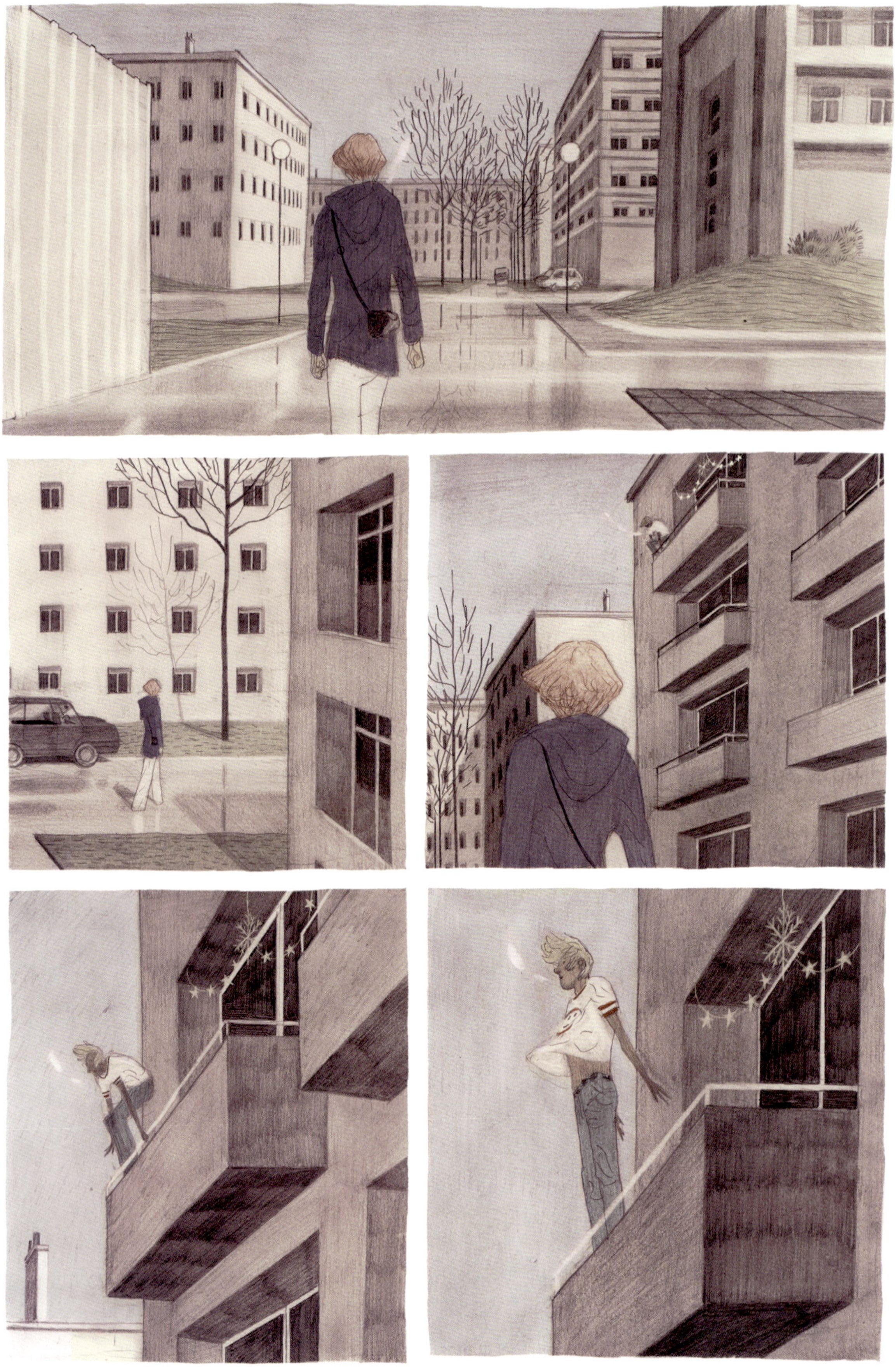

Diese Stadt, diese winzig kleine Stadt.

Manchmal fühlt er sich imstande, aufrecht zu stehen, geradeaus zu schauen und sie vollständig zu umfassen.

Dann könnte er sie hochheben, sie behutsam an seine Proportionen anpassen.

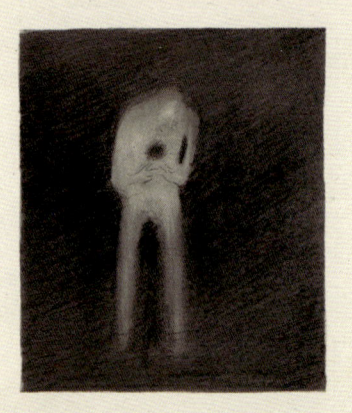

Er würde jedes Gässchen kennen, alle Menschen, die umhersausenden Autos.

Er würde verstehen, wohin sie gehen, ihre Geheimnisse teilen und wüsste auch selbst seinen Weg.

Er wäre an seinem Platz.
Aber es hält nie lange an.
Ein Windstoß, die Stimme seiner Mutter im Treppenhaus, ein Blick im Bus am Montagmorgen oder auch nur das Geräusch seiner Schritte in der Rue Saint-Félix, und er spürt, wie er wieder ganz klein wird. Dann erscheint ihm sein Körper so, wie er ist. Mürbe, aus lauter sandigen Felsen. Beim ersten falschen Schritt zerbröckeln sie lautlos und machen der vertrauten Leere Platz, aus der er besteht und um die herum er sich zusammenrollt, weil er nichts Besseres hat.

Jeden Tag zwischen zwölf Uhr mittags und zwei setzt er sich in ihrer Nähe auf eine Bank vor der Sporthalle des Saint-Félix-Gymnasiums, wie ein unbeholfener kleiner Junge, der sich für seine dicken Bauchfalten schämt, für sein zu kurzes T-Shirt, das aus der Winterhose rutscht, die ihm an den Schenkeln klebt. Er rührt sich nicht, aus Angst, sie könnten ihn bemerken. Aber ihre Aufmerksamkeit gilt nicht ihm, sondern ihren eigenen Arabesken. Schon im kleinsten Lichtstrahl blühen sie auf, stellen sich ganz ungezwungen zur Schau. Ihre Arme beschreiben perfekte Kreise. Sie sind bereits die Herren einer Welt, die für sie geschaffen wurde. Sie lachen, sie feiern.

Er war einmal dort, im Garten. Unterhalb des Wegs drangen dumpfe Vibrationen durch die Garagentür; dahinter tanzte die Welt der Lebenden. Auch sie war draußen. Sie saß im Schatten auf einer kleinen Mauer, vier oder fünf Meter von ihm entfernt. Er wusste nicht, wie er den riesigen Graben überwinden sollte. Sie schaute geradeaus. Dennoch war er sicher, ja, fast sicher, dass dieser starre Blick ihm galt. Sie verharrten lange so. Und dann stand sie auf. Die Tür öffnete sich. Musik ergoss sich in den Garten, der für einen Augenblick weiß und steinhart wurde, bis sich die Tür hinter ihr wieder schloss. Zurück blieben nur die Nacht und die Vibrationen. Er ging. Auf dem Rückweg erinnerten ihn die unbelebten Straßen an die aufgeräumten Zimmer, die immer bereitstehen für Gäste, in denen aber schon lange niemand mehr schläft. Die Pfützen vor dem Blumenladen an der Place de la République, der Kies im Park, der unter seinen Füßen knirscht, oder die sanft wippenden Köpfe morgens im Bus – all das scheint etwas zu erzählen. Die Luft ist wie von einer Melodie erfüllt, aber es gelingt ihm nicht, in sie einzustimmen. Er versucht es immer wieder und gibt irgendwann auf. Es hat keinen Sinn.

Mit dem Geld von seinem Geburtstag könnte er ein Zugticket kaufen, egal wohin. Er müsste seinen Eltern nur einen Zettel auf dem Küchentisch hinterlassen. Ein beruhigender Gedanke. Ein kleines Feuer, das er manchmal anzündet, um sich daran zu wärmen.

Stunden wie Jahrhunderte, sie führen nirgendwohin. Man müsste einfach verschwinden können, nie wieder diese Leere spüren. Ein ganzes Leben so ist zu lang.

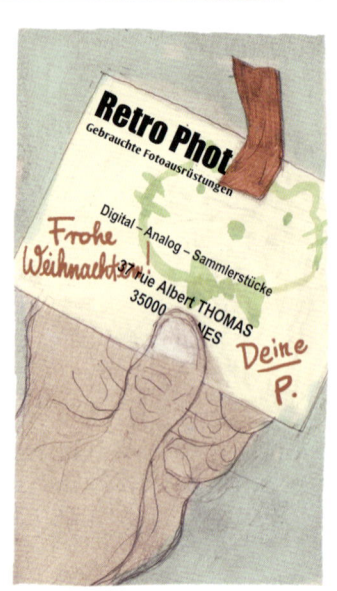

"Bitte hier unterschreiben."

fff

Retro Photo
Gebrauchte Fotoausrüstungen
Digital ~ Analog ~ Sammlerstücke

Frohe Weihnachten

Deine P.

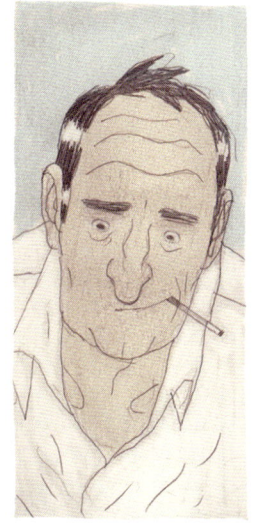

ffritsch

bip dip
bip dip
bip

bip
dip

Pauline

Danke, mein Schatz!

NACHRICHT GESENDET

fff

hhhh

142

on the leeds side street
that you slip down
provincial towns you jog around
hang the dj
hang the dj
Haaang the dijay...
hang the dijay
hang the dj
Haang the dijay
hang the dijay hang the...

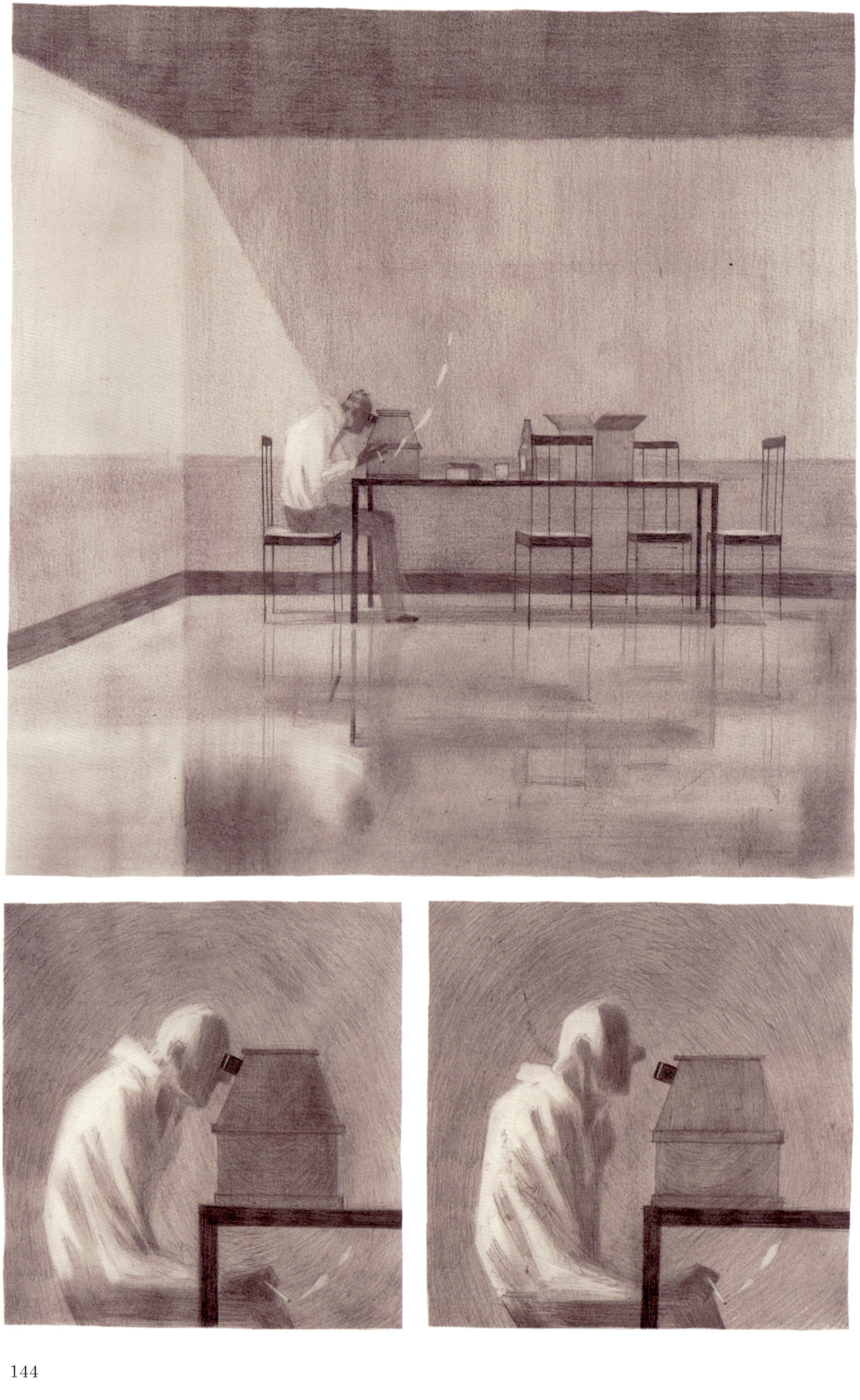

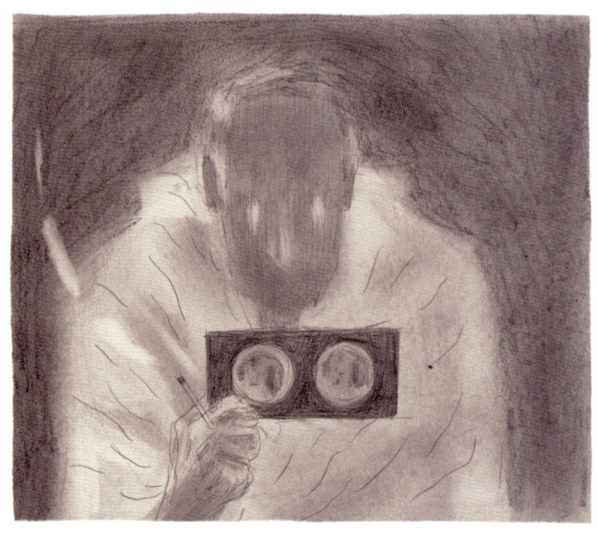

Musée des Beaux-arts
Musée de Bretagne
bip
dip
bip
tap
tap
Das Bein ist zu kurz...
Es geht bis unter die Falte...
Hier...

Genau so, ja.

"Wir brauchen dich bei den Aktionen gegen den Flughafen..."

"Weißt du Bescheid?"

"Antoine hat mich schon gefragt..."

"Eigentlich interessiert mich das alles nicht mehr..."

"Du hast dich verändert."

"Hoffentlich."

"Ganz im Gegensatz zu dir."

"Und ich bin mir nicht sicher, ob das so gut ist."

"Ich bleibe meinen Überzeugungen treu."

"Immer."

Ha ha!!
„Überzeugungen"...

Ist das eine nationale Vorgabe der LCR, die Ökobewegungen zu infiltrieren?
Aber nein...
Der Kampf gegen den Flughafen ist nicht politisch. Es geht nicht um Parteien!

Es gibt kein Dogma, keine „Linie", keinen Ausschluss...
Wir sind hier nicht in der KP.

Sie sind schlecht informiert.
Ich bin am 21. August 1968 ausgetreten.
Da waren Sie noch nicht mal geboren.

Louis.
Wir brauchen dich.
Wir glauben, dass Catherine uns helfen kann, weil sie jetzt Ministerin ist.
Staatssekretärin.
Wenn sie etwas tun wollte oder könnte, hätte sie es schon getan.

Bergerin unterstützt das Projekt, und zu eurem Pech ist er bald nicht nur Präsident des Regionalrats, sondern auch der Nationalversammlung.
Schon, aber...
Catherine kann sich nicht gegen ihn stellen.
Sie hat nicht die Mittel, das weiß sie und das weiß auch Bergerin.
Und das... das ist Politik. Ob es Ihnen nun passt oder nicht.
Das ist keine Politik, sondern eine Sauerei!
Pfff...
Also ich glaube, Catherine hat trotz allem Überzeugungen.
Und wir können sie vielleicht dazu bringen, ihre Position zu ändern.
Nach 30 Jahren hast du immer noch nichts begriffen.
Wenn ihr meint.
Und warum macht ihr es dann nicht selbst?
Du kennst sie.
Du kennst sie auch.
Hör auf, Louis...

— Du warst von Anfang an dabei... Du hast ihre Kampagne für die Parlamentswahlen 1988 entwickelt, du kennst sie am allerbesten...

— Das ist doch ewig her... Ich hab nicht mal mehr ihre Nummer.

— Hier.

— Wir haben sie von Joubert, er kennt ihren Kabinettschef.

— Joubert? Warum ruft der sie nicht an...

— ...statt mit euch über sie herzuziehen.

— Er hat's versucht.

— Sie hat ihn abserviert.

— Louis...

— Ich weiß nicht.

— Ich überleg's mir...

— Mir bleibt nicht mehr viel Zeit und ich habe andere Dinge zu erledigen.

"Was ist passiert?"

"Ich glaube, er ist bei der gelben Boje gegen die Felsen gekracht..."

Hat jemand ein Handy??
Wir brauchen einen Notarzt!
Äh, ja... Moment...
Hier!
Danke!
Kommen Sie!
Hhh!
Legen Sie die Hand hier auf die Wunde!
Ganz fest!
Er darf nicht noch mehr Blut verlieren...
Äh, ja... klar.
Hh!
Ähm...
Sie!
Hhh!
Hallo?
Hören Sie mich?
Das wird schon, keine Sorge...
Hhh!

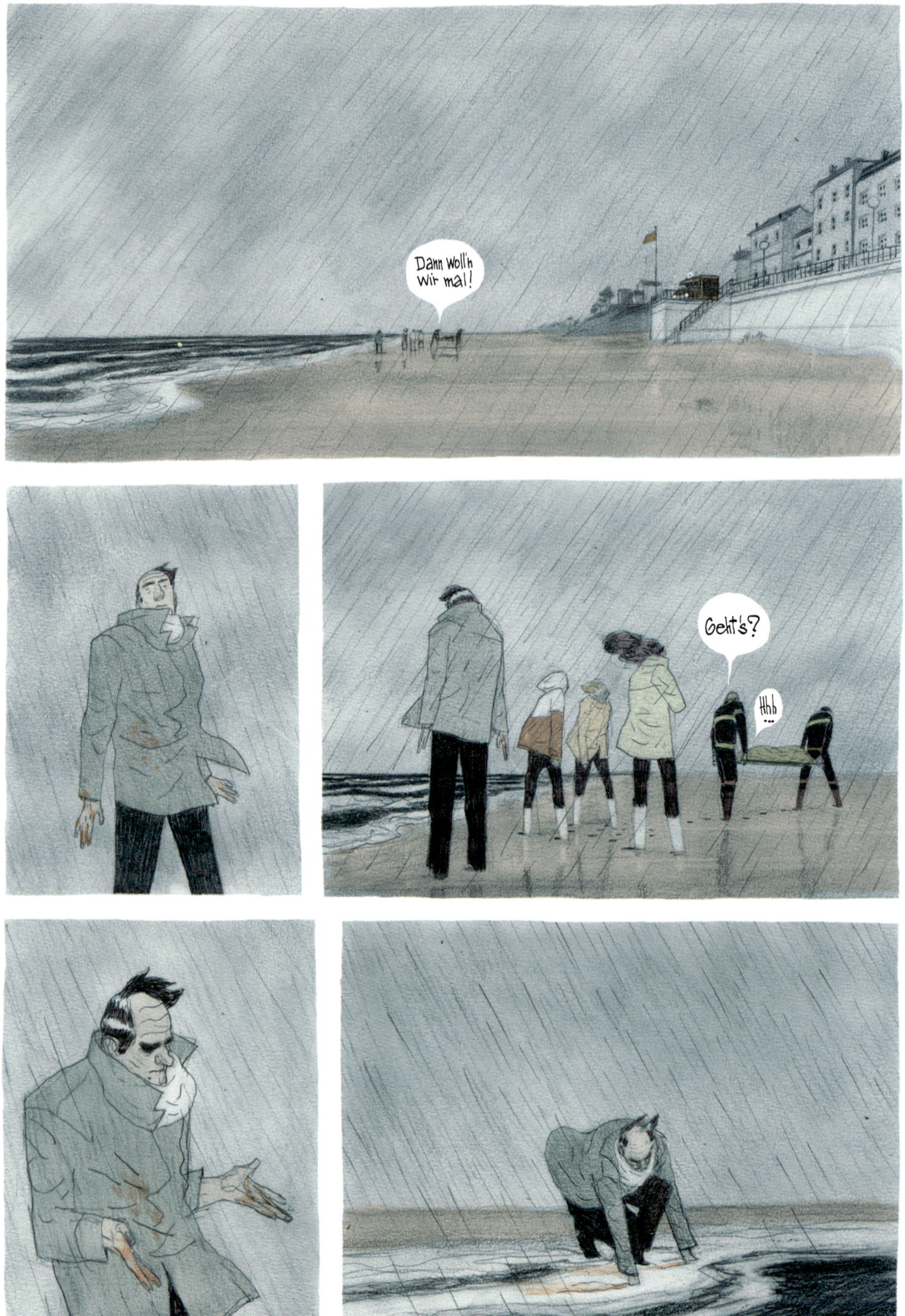
Dann woll'n wir mal!
Geht's?
Hhh...

— Ich habe recherchiert, konnte aber nichts über ihn finden...

— Das wundert mich nicht.

Galerie Briac Kernoden

— Ich bin zufällig darauf gestoßen, beim Kauf einer Sammlung...

— ...und habe nicht schlecht gestaunt.

— Eine schöne Arbeit. Aber ich habe nie etwas anderes von ihm gesehen.

— Keine verzeichnete Ausstellung... kein Katalog...

— Also habe ich Glück.

— Und ich auch...

— Ich verkaufe hier eher bretonische Maler, Seestücke, solche Sachen, wissen Sie...

— Dafür hab ich meine Kunden...

— Es läuft gut, ich will mich nicht beklagen.

— Aber, na ja...

— Eigentlich... ...sind Sie der Erste, der sich für das Bild interessiert.

— Merkwürdig. Dabei handelt es sich hier um <u>richtige</u> Malerei...

— Natürlich darf man sich davon keine Wertsteigerung erhoffen.
— Ich weiß.

— Deswegen kaufe ich es auch nicht.
— Dann ist es eine exzellente Wahl.

— Eine sehr schöne Arbeit.

ffrrsch

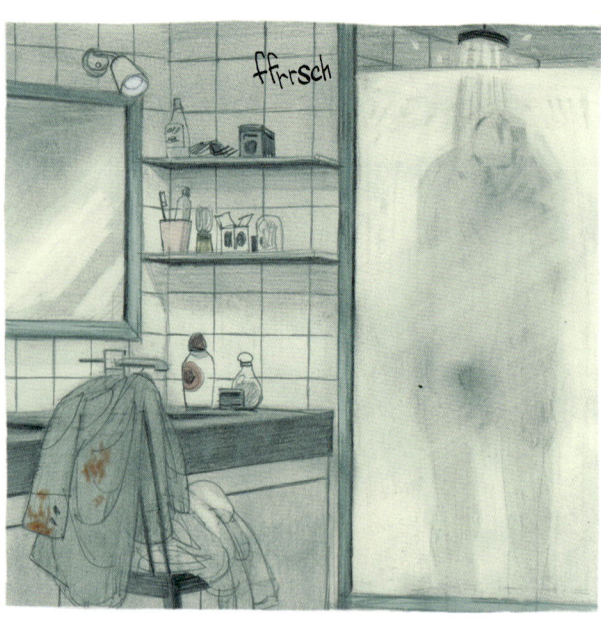

Klick

kling

frtsch
kling
bling

kling

Mögen Sie Malerei?
Ähm ...
Weiß nicht ...
Das ist eine Landschaft in den Corbières.
Aha ...
Das gräulich-blasse Violett der Hügel ist sehr schön... Ich weiß nicht, warum, aber ich finde, das Bild hat etwas Tragisches.
Vielleicht liegt es an dem kleinen Haus da mitten in den Weinbergen...

— Oder daran, dass man nicht weiß, ob es ein Haus ist.

— Mm...

— Als ich klein war, hat unser Lehrer am Mittwochnachmittag immer Zeichenunterricht gegeben.

— Monsieur Bollet.

— Im Winter haben wir uns alle um den Ofen herum gesetzt.

— Das war schön.

— In zwei Tagen bekomme ich einen Platz im Heim.

— Das sind gute Aussichten.

— Rauchen Sie?

— Ja...

— Marlboro... Mag ich nicht besonders... Behalten Sie sie.

— Danke.

— Entschuldigung...

— Wissen Sie etwas von dem jungen Mann, der den Unfall hatte?
— Was?
— Wer denn?

— Ein Surfer... Mit einer großen Wunde an der Stirn...
— Nee.
— Sagt mir nichts.
— Hey!

— Wie's aussieht, ist bis nach Saint-Gilles alles voller Öl!
— Scheiße... Und jetzt?
— Hauen wir ab!

— Hallo, Delphine?
— Ja...
— Ich bin spät dran...
— Bitte verschieb den ersten Termin heute.
— Nee, ich bin unterwegs...
— Ja.
— Bis gleich.

Vrrr

— Wir brauchen einen neuen Sack...
— Wo denn?
— Bei der Landzunge...

Vrrr

163

Frau Ministerin!
Frau Ministerin!
Ein Statement?
Bitte!
Bertrand...
Hier entlang...
Kommen Sie, meine Herren!
Sehen wir uns das Öl mal genauer an.

klick

Zerdrückte Eierschalen?

Nein, das ist es nicht.

Man bräuchte Ruhe, alle müssten für einen Moment stillstehen.
Bertrand, die Journalisten, der Bürgermeister und die anderen Ratsmitglieder.

Man müsste die Augen schließen, um das Knirschen der Muscheln unter den Füßen besser zu hören.

Aber das geht natürlich nicht.

Sie wird trotzdem langsamer, setzt bedächtig einen Fuß vor den anderen und nötigt die Gruppe so, es ihr gleichzutun. Auf diese Weise gewinnt sie ein paar Sekunden und ihr fällt vielleicht ein, woher sie dieses Geräusch kennt.

Das kleine leuchtende Cape eines freiwilligen Helfers, als sie am Strand ankamen.
Das Knacken der Muschelschalen unter den schweren Stiefeln, die Bertrand ihr für den Termin geliehen hat.
Die Ledertasche, die, ausgebeult von ihren hochhackigen Schuhen, an ihrer Hüfte reibt.

Bertrand hält sie am Arm fest, wahrscheinlich will er ihr etwas sagen, aber ihre Aufmerksamkeit ist ganz woanders. Gegen ihren Willen ist sie damit beschäftigt, in ihrer Erinnerung nach einer Ledertasche, einem Cape und kleinen weißen Muscheln zu suchen.
Sie versinkt in einen leichten Dämmerzustand.
Bertrands Stimme flüstert ihr unverständliche Worte ins Ohr, und auf einmal taucht die »Treige de la Cordière« wieder auf. Ein klirrend kalter Wintermorgen in diesem Gässchen auf dem Weg zur Schule, zusammen mit Mathilde. Die Umhängetaschen voll mit Heften, Büchern und Pausenbroten. Die Silhouette ihrer Kapuzenmäntel in der Mitte des Tals, nachtblaues Papier auf weißem Grund und das gedämpfte Knirschen des Schnees unter ihren Stiefeln. Das gleichmäßige Geräusch ihrer Schritte. Die Aussicht auf einen vergnügten Tag.
Madame Camelin hatte ihren Lerneifer sofort erkannte. Vom ersten Tag an bemühte sie sich, ihren brennenden Wissensdurst zu stillen, die ganzen fünf Jahre in der Grundschule von Les Pontets.

Die Muscheln, die Flocken auf den Kapuzenmänteln, Madame Camelin – die Worte, ihr zu danken, sind verschollen. Sie versteht die Frage des Journalisten nicht richtig. Bertrand mustert sie beunruhigt. Sie antwortet, trotz allem, und denkt dabei an kleine Schritte im Schnee.

— Ja, das klappt schon, keine Sorge... Wir sind gut in der Zeit...
— Ich bin auf jeden Fall vor der Geburt zurück, versprochen...

grrr
vrrr

— So, ich mach mal Schluss.
— Muss hier noch 'nen Flughafen bauen...
— Ich hab dich auch lieb, meine Kleine, bis bald!

klick
vrrr

— Pff...

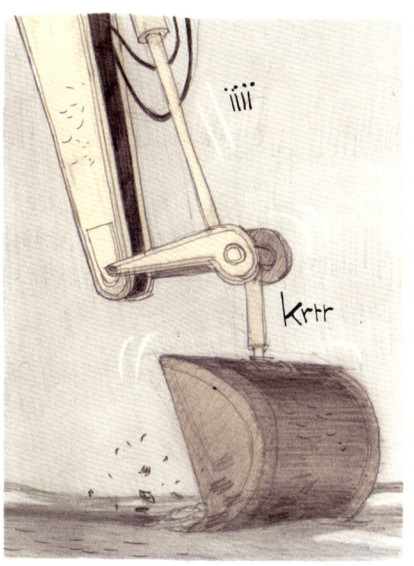

klick klick

Rrrr

iiii
Krrr

Rrrr

In der Ferne, ganz oben,
direkt vor dem Ozean,
sehe ich dunkle Bäume,
die sich zur Erde hin neigen.

Vielleicht Pinien?

Ich laufe mit kleinen Schritten weiter, gegen den Wind und den Regen, meine Kapuze schlägt mir an die Ohren, aber ich gebe nicht auf. Der Weg ist ein matschiger Brei aus weicher Erde, blauem Feuerstein und Pflanzenfetzen. Ich muss ihn hinter mich bringen, mit großen Sprüngen oder kleinen Bewegungen, ganz egal, Hauptsache ich bringe ihn hinter mich.

Wenn mir die Fotos von Fred nicht wieder in die Hände gefallen wären, wäre ich jetzt im Trockenen. Ich hatte die Negative der letzten zwei Monate sortiert und wollte die aussuchen, die ich abziehen lassen würde. Der Umschlag lag in einem alten Ordner; ich hatte ihn vergessen.

Erst ist es kalt, der Körper ist schwer, schlaff, zu nichts gut, in sich selbst zurückgezogen. Er will diese Strapazen nicht, den Regen, den Schlamm, den Geruch von Moos und modrigem Holz, das ganze Wasser, das übers Gesicht rinnt, in den Nacken, den Mund, vermischt mit Schweiß. Doch unter den wiederholten Angriffen geben die Schotten zwischen Innen und Außen Stück für Stück nach. Der Körper resigniert. Er findet sich mit allem ab, was sich gegen ihn stellt. Meine Beine marschieren los, sie zögern nicht mehr. Ein Fuß vor den anderen, der Atem speist die Maschine, im Rhythmus, ohne nachzudenken. Das Wasser bahnt sich seinen Weg an mir hinab. Klares Wasser, oben, unten, überall, durch mich hindurch. Blau. Mineralisch. Nichts tut mehr weh, nichts existiert mehr. Ich muss niemanden mehr schlagen, überzeugen oder verführen. Man müsste sein ganzes Leben lang laufen. Eigentlich gar nicht so abwegig… Aber in einer knappen halben Stunde bin ich wieder zu Hause, habe keine Beine mehr, und dann ist es vorbei. Ich müsste trainieren, dranbleiben, mich disziplinieren, einen Plan machen, aufhören zu rauchen…
Das kotzt mich an.

Was hat er gesagt?

Ich drehe trippelnd um, scheinbar gleichgültig. Na bitte, sobald jemand auftaucht, bricht alles zusammen, das Theater geht weiter, ich kann nicht anders, als mich zu verstellen. »Was haben Sie gesagt? Ich habe Sie nicht verstanden.«
Ich spreche zu laut, versuche gegen den Wind anzureden. Meine Stimme klingt falsch, ich erkenne sie nicht wieder.

Er sieht mich an, ohne zu antworten, und deutet mit dem Kinn auf einen Spaniel, der aus dem Gebüsch kommt. Als mir klar wird, dass er seinen Hund gerufen hat, laufe ich schon auf ihn zu. Ich bleibe nicht stehen. Ich laufe schweigend an ihnen vorbei und entferne mich ruhig, mit kleinen Schritten. Als wäre dieser abrupte Richtungswechsel lange geplant gewesen. Warum muss ich mich so verstellen?

Jetzt ist alles wieder schwer, zwecklos, meine Beine wollen nicht mehr, ich komme mir lächerlich vor. Ich versuche trotzdem, bis zur Landstraße durchzuhalten, aber ich weiß jetzt schon, dass ich den letzten Kilometer gehen muss. Die Fotos von Fred sind ein paar Monate vor der Zwischenprüfung entstanden. Ich glaubte, ich hätte sie verloren. Jahrelang dachte ich immer wieder an die Nacht, als dieser Vollidiot sich hackedicht auf den Rücksitz eines Autos gesetzt hat, das dann ein anderer hackedichter Vollidiot fuhr. Es dauert seine Zeit, bis man begreift, dass es tatsächlich so eindeutig und endgültig ist. Entflammt, erloschen. Lebendig, tot. Wie die Mädchen ihm zu Füßen lagen, seine Leichtigkeit, und wie er sich unwillkürlich die Hand vor den Mund hielt, wenn er laut lachte, um die Zähne zu verstecken, die er nicht mochte. Das alles fehlte mir schrecklich. Der Pfarrer leierte beim Gottesdienst ein paar Floskeln herunter, vorgefertigtes Mitgefühl aus Büchern. Er wusste auch nicht mehr als wir. Er hatte nie einen Sohn oder Freund verloren, er schien zu glauben, dass man mit einundzwanzig Jahren wirklich sterben kann. Ja, so etwas konnte passieren, natürlich war es sehr traurig, ja, er verstünde unseren Schmerz, aber wir würden Trost finden im Gebet, in der Demut, in der Andacht. Ich ärgere mich immer noch, dass ich ihn nicht angebrüllt habe, er sollte für immer schweigen. Unsere Blicke trafen sich, und ich legte meinen ganzen Hass hinein, bis er die Augen senkte.

Das war's, ich schaffe es nicht mehr, was soll's. Ich bleibe mitten in der Heide stehen und beuge mich vor, um wieder zu Atem zu kommen. Die Straße ist noch gut zehn Minuten entfernt. Ich ärgere mich, dass ich diesen Kerl angesprochen habe. Ich komme mir so albern vor, weil ich gehofft hatte, seine Worte, seine Aufmerksamkeit hätten mir gegolten. Ich muss lernen, darauf zu verzichten, mich von dieser Erwartung befreien. Sonst verliere ich mich.

Ich habe mir die Ölflecken am Strand von Le Carré angesehen; seit vorgestern reden alle nur noch davon. Diese Frau von der Regierung war da, die alle so gern hassen; ihren Namen habe ich vergessen. Ich mischte mich unter die kleine Gruppe von Journalisten, die um sie herumschwirrten. Sie wirkte geistesabwesend, ratlos. Ich habe ein paar Fotos gemacht. Man müsste dem Ganzen eine Richtung geben. Und man müsste ein bisschen Geld für die Abzüge auftreiben, aber ich weiß nicht, ob es sich lohnt. Jetzt bin ich schon seit Monaten hier, und ich habe den Eindruck, ich finde nichts. Es ist da, direkt vor mir, aber ich kann es nicht sehen. Als wäre ich kurzsichtig. Ich taste mich voran. Ich spüre vage Formen, aber ich erkenne sie nicht. Ich versuche, auf die Vibration zu hören, aber ich bin mir nie sicher, ob ich sie wirklich wahrnehme.

Vielleicht ist es eine Illusion. Ich mache mir etwas vor, es gibt nichts zu finden. Welchen Sinn kann es haben, in Flüssen herumzustochern, ohne zu wissen, was man sucht? Es wäre tröstlich, wenn es einen Sinn hätte.
Langsam wird mir kalt. Zum Glück ist das Haus nicht mehr weit.

Es ist verblüffend. Schon ein paar Monate reichen, um die Stimme des besten Freundes komplett zu vergessen. Etwas länger dauert es, bis die Wut sich legt. Seit ich hier allein bin, habe ich den Eindruck, ich halte meine Toten an den Händen. Wir tanzen Ringelreihen, sie tragen mich und machen mir gleichzeitig Angst. Sie erzählen mir jeden Tag dieselbe Geschichte. Ich bin einunddreißig Jahre alt, ich fühle mich verloren, ich habe nur ein Leben, und es rinnt mir unaufhaltsam durch die Finger. Ich möchte es festhalten, möchte verstehen, was ich daraus machen soll, welchen Durst es stillen soll.

Fred, Ivon, Thomas und sein zu großer Pyjama, der graue Schatten der Krankheit auf seinem kleinen, ernsten Jungengesicht. Er sah unheimlich erschöpft aus. Wir hatten den ganzen Nachmittag gespielt. Ich bedaure den kleinen Schritt nach hinten so sehr, als er vorschlug, wieder in sein Zimmer zu gehen. Ich sah seine mageren Handgelenke, die unerbittliche Müdigkeit in seinen Augen, und ich machte einen kleinen Schritt nach hinten.

Ich möchte, dass man mir meine Fehler verzeiht, aber das kann niemand. Jeder muss sich selbst verzeihen und sich damit zufriedengeben.

Jetzt sehe ich das Haus.
Seine Umrisse tauchen hinter den letzten zweihundert Metern Regen auf, durch die ich noch hindurch muss. Man trifft nie jemanden auf dieser Straße, in der Umgebung eigentlich auch nicht. Vorsichtshalber habe ich es trotzdem sorgsam vermieden, hier Fotos zu machen. Ich will nicht über das Wie und Warum ausgefragt werden. Ich bleibe lieber unsichtbar. Neulich Abend im Bar-Tabac von Ploënec hat ein junger Typ versucht, mich abzuschleppen. Ich hab's mir gefallen lassen. Ein bisschen. Ich war gut drauf. Aus seiner Anmache schloss ich, dass meine Anwesenheit trotz meiner Bemühungen bemerkt worden war. Ich erklärte ihm, ich würde das Haus in Oliviers und Sylvies Abwesenheit bewohnen und mich dafür um kleine Reparaturen und den Garten kümmern; das schien ihn zu überzeugen. Es fällt mir immer leichter, mich zu verstecken, das hilft. Ich weiß längst, dass es zwecklos ist, etwas mit anderen teilen zu wollen, das man selbst nicht versteht.

Gestern habe ich im kleinen blauen Küchenschrank eine Flasche Whisky gefunden. Ich habe mich nicht getraut, sie zu öffnen.

Ich brauche dringend eine sehr heiße Dusche, sofort.

Und gleich danach vielleicht ein Glas Whisky.

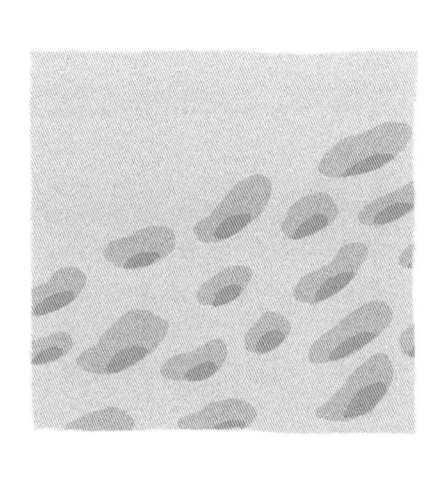

Frühling

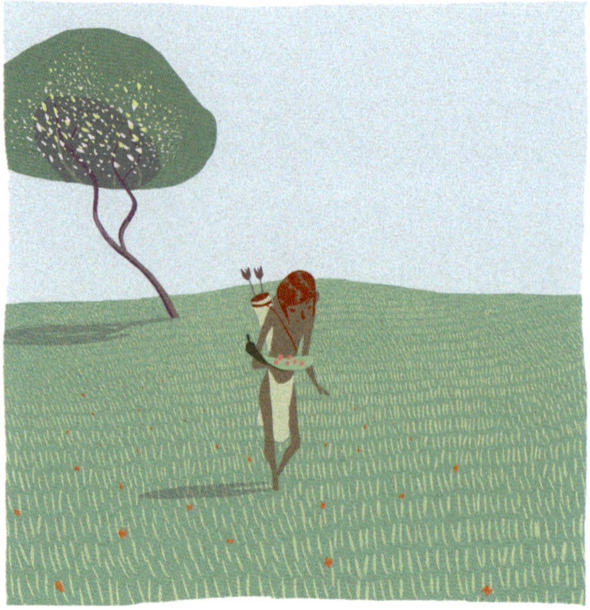

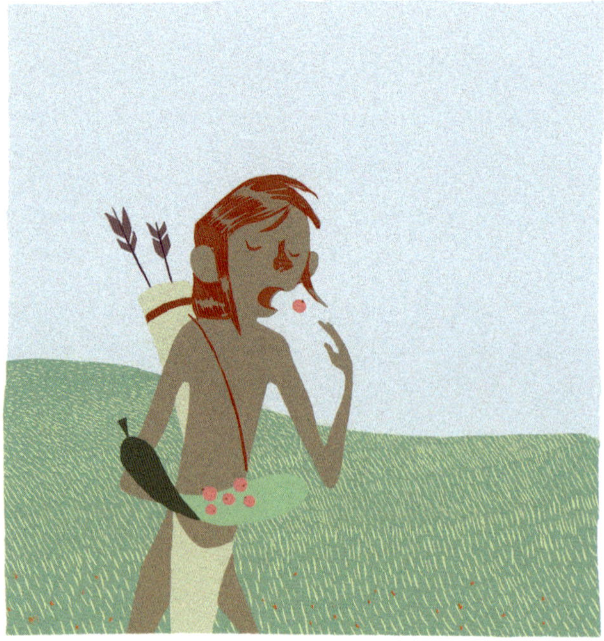

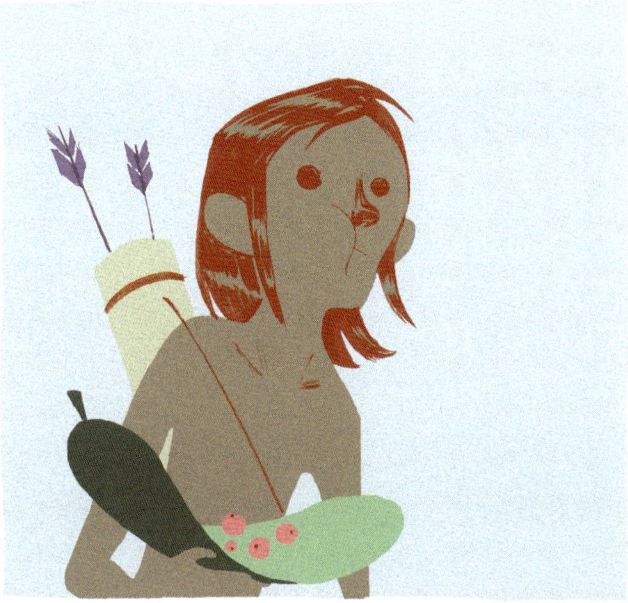

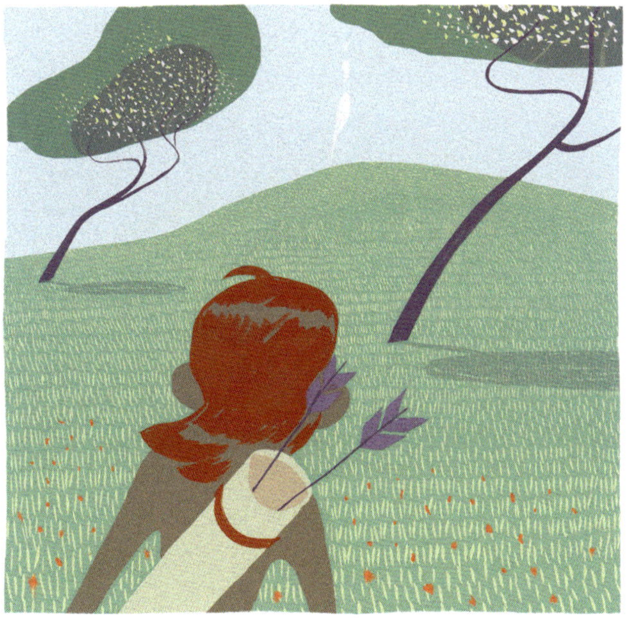

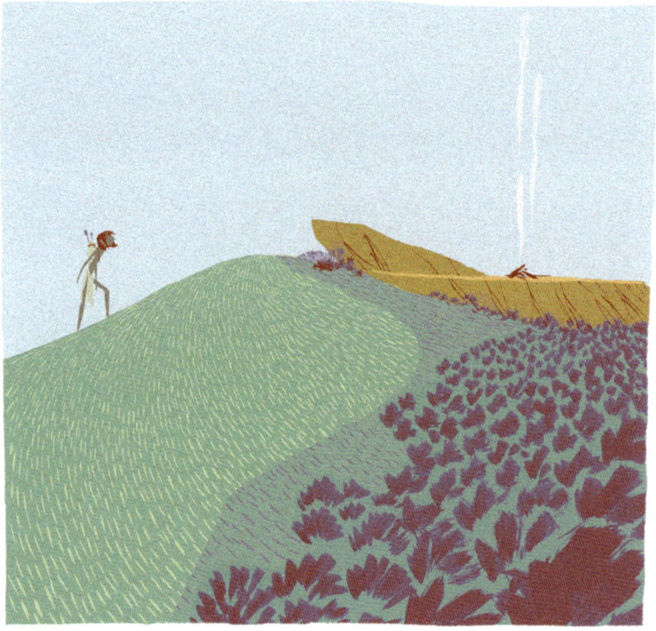

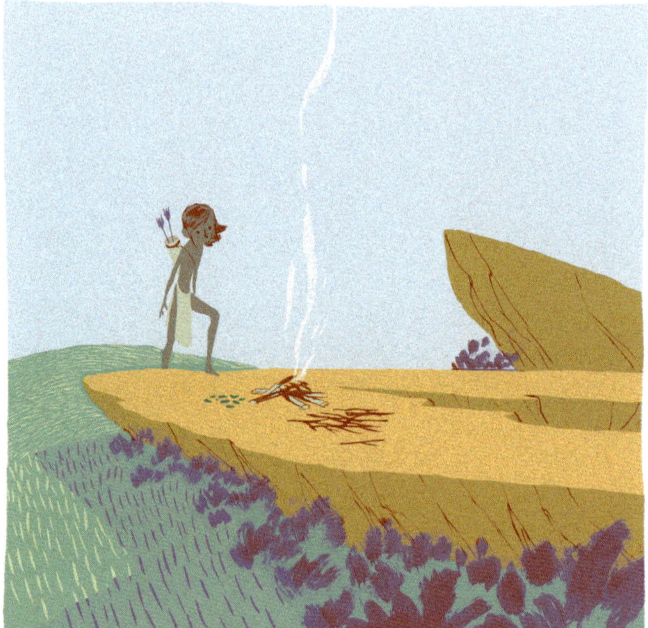

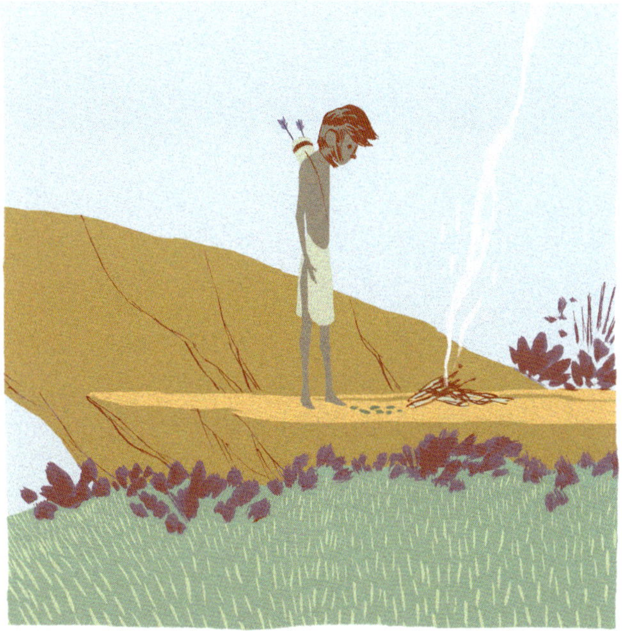

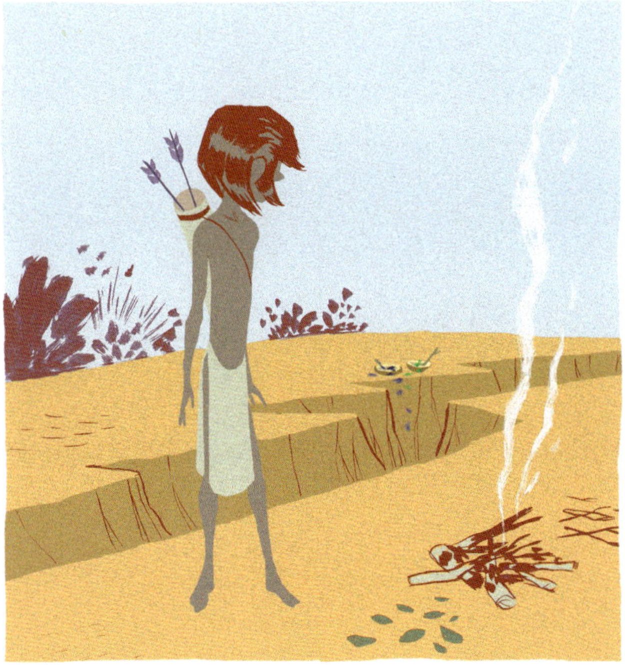

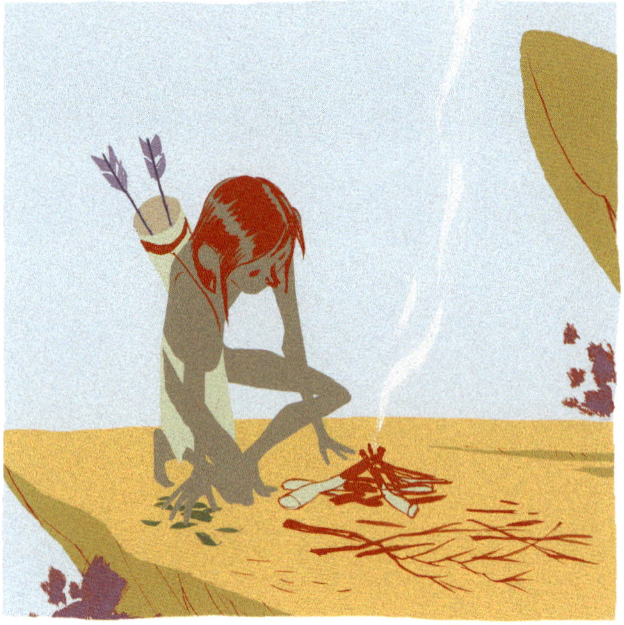

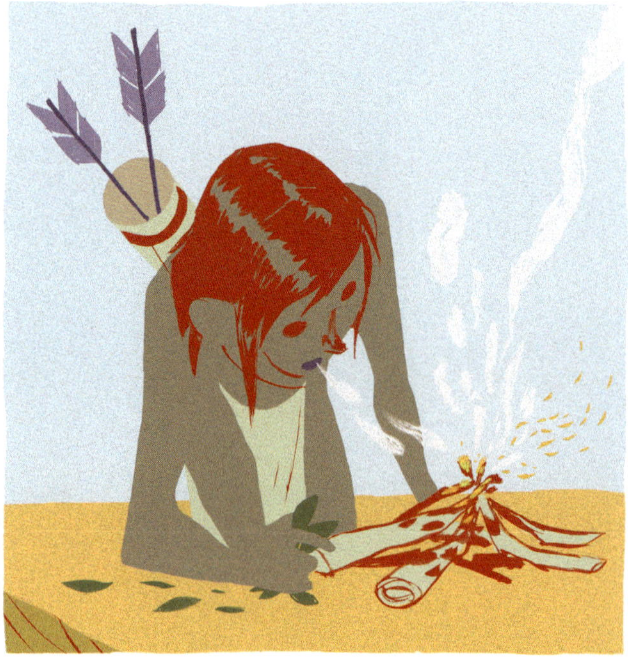

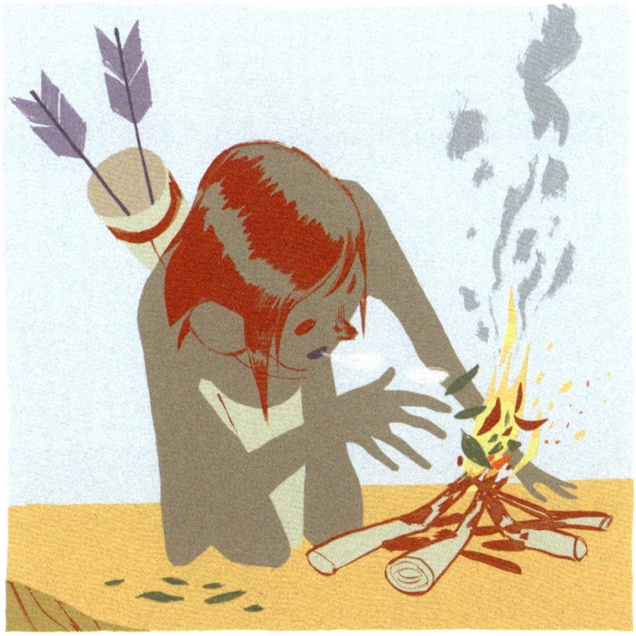

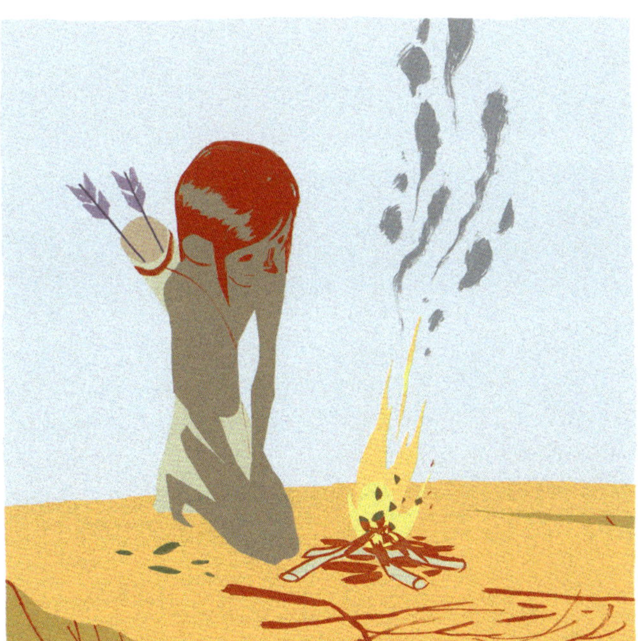

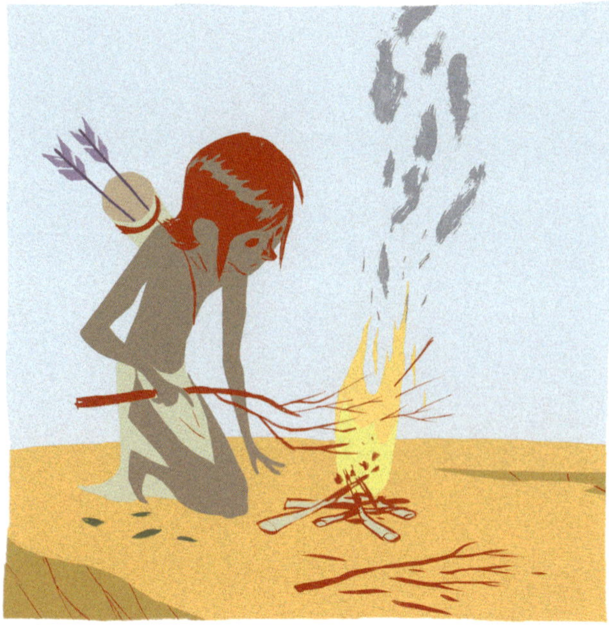

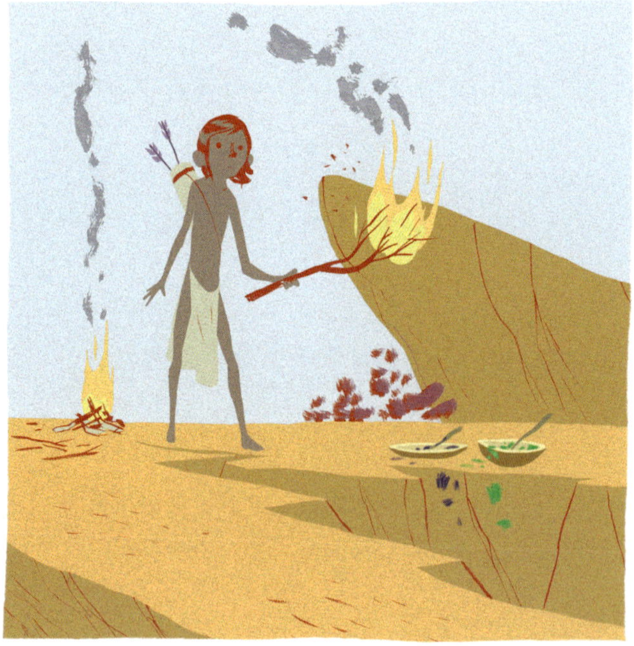

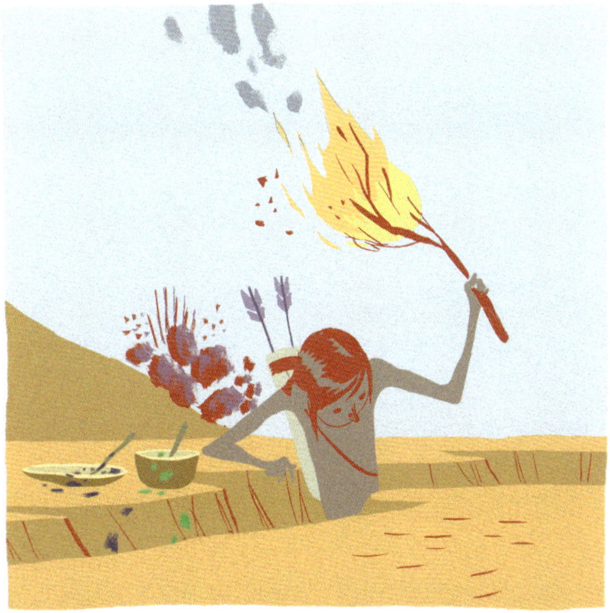

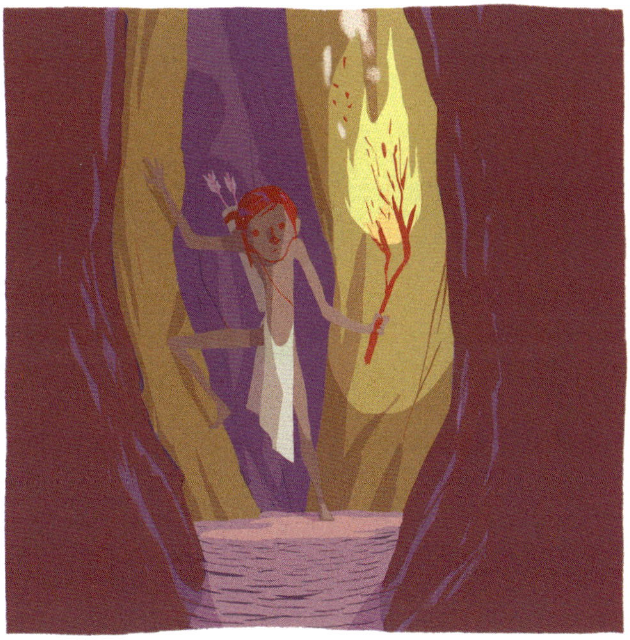

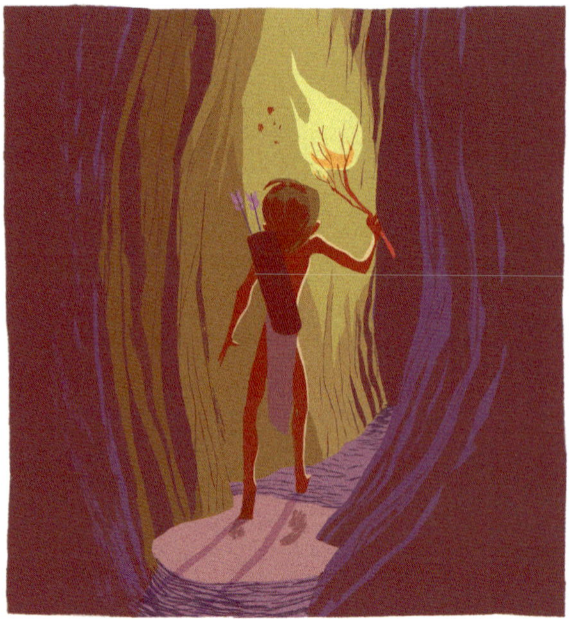

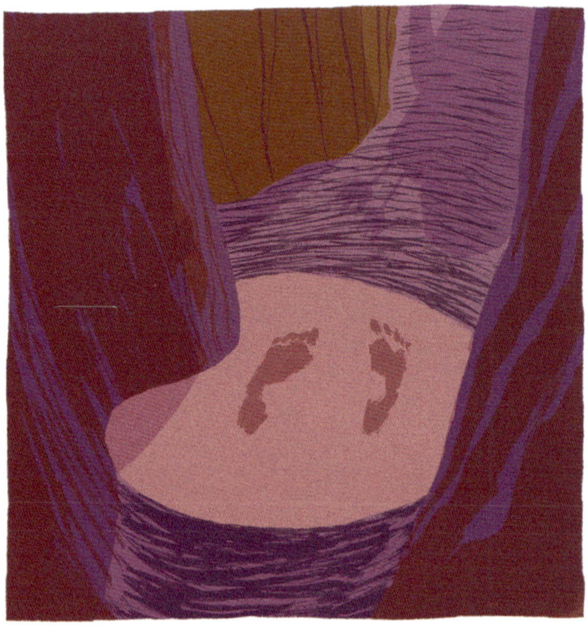

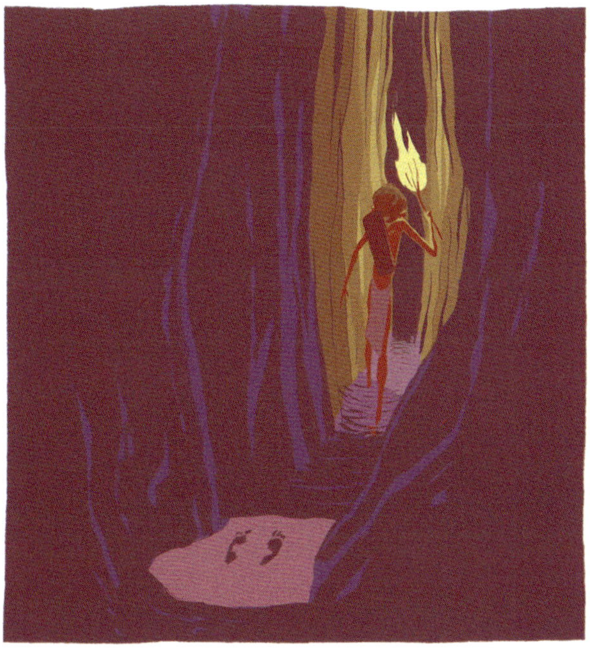

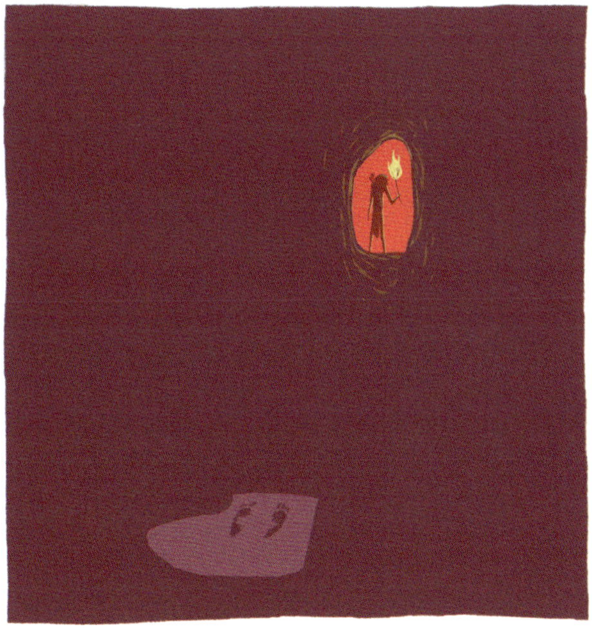

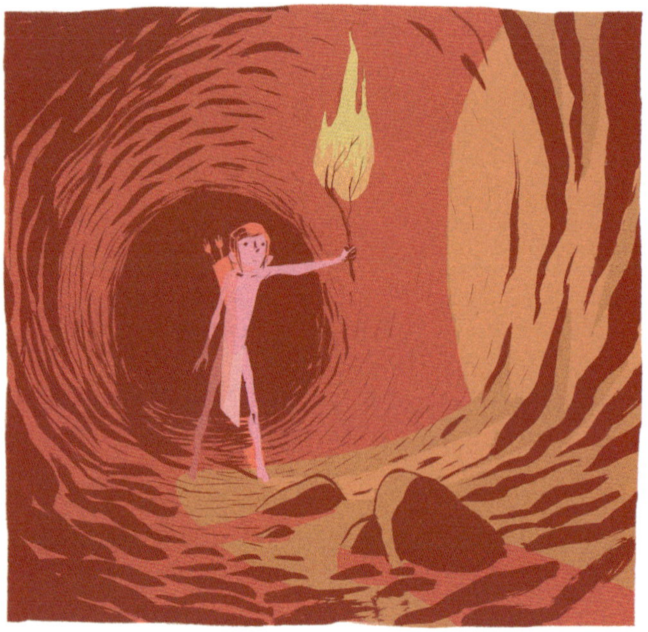

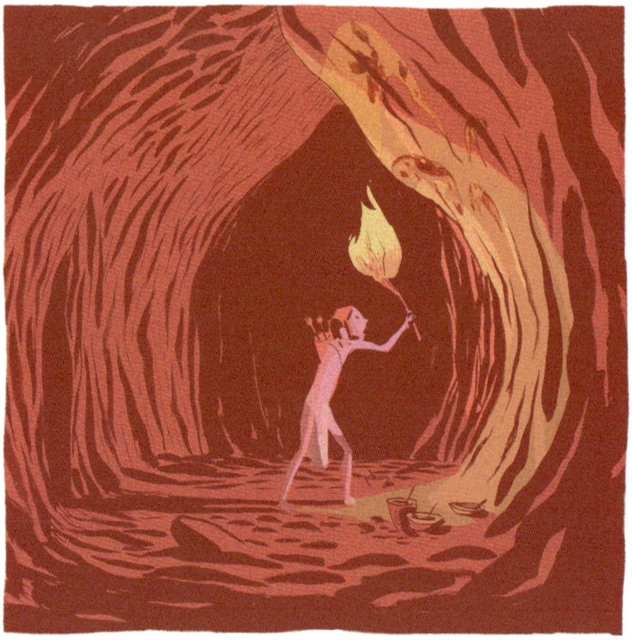

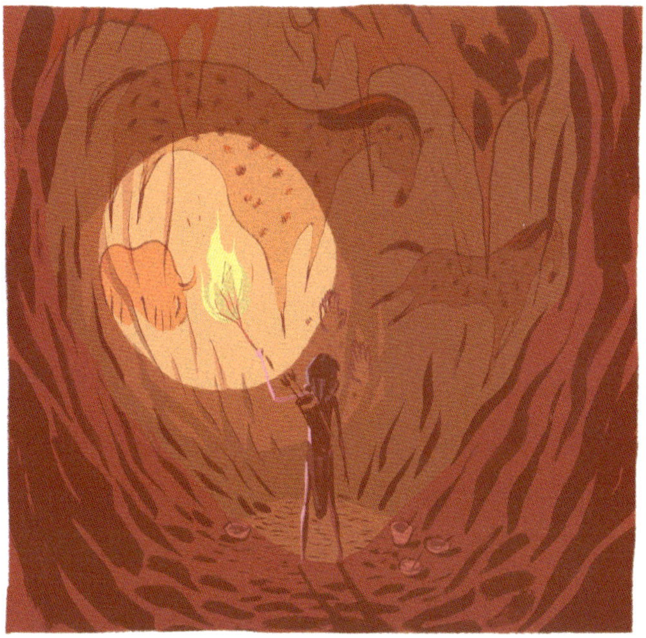

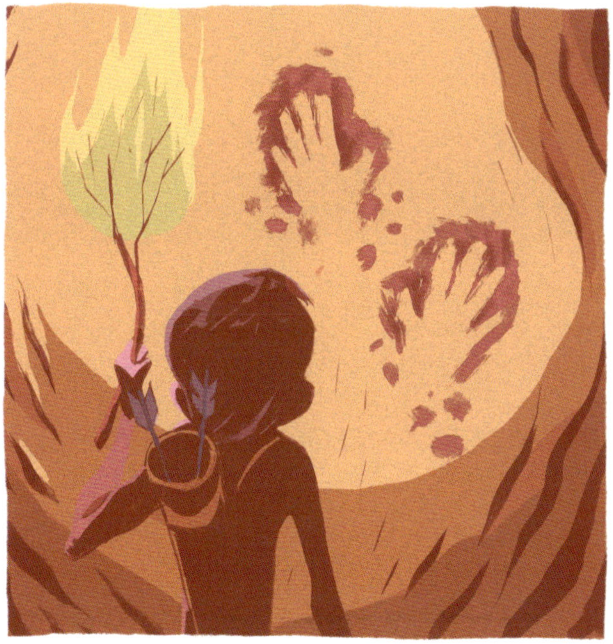

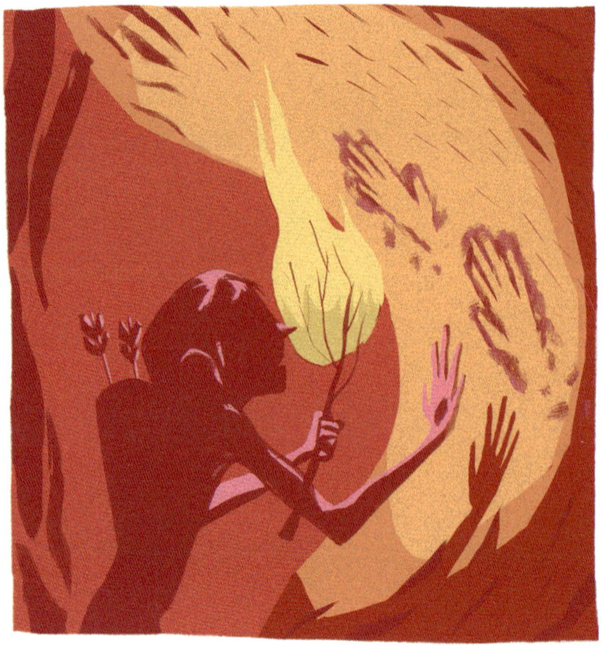

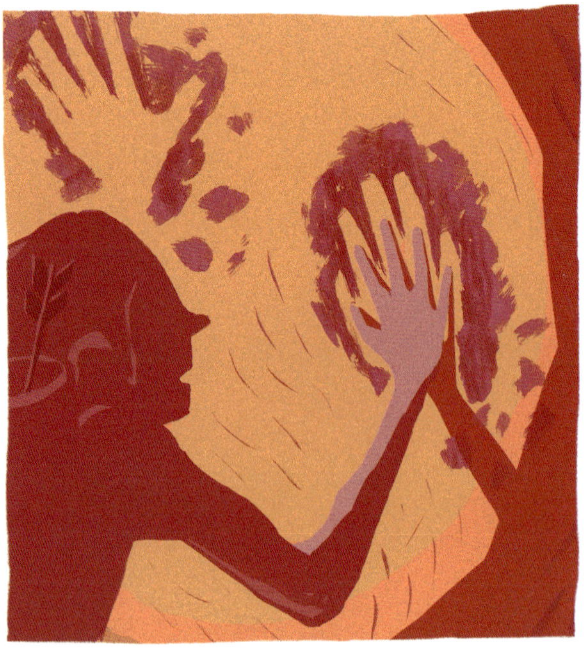

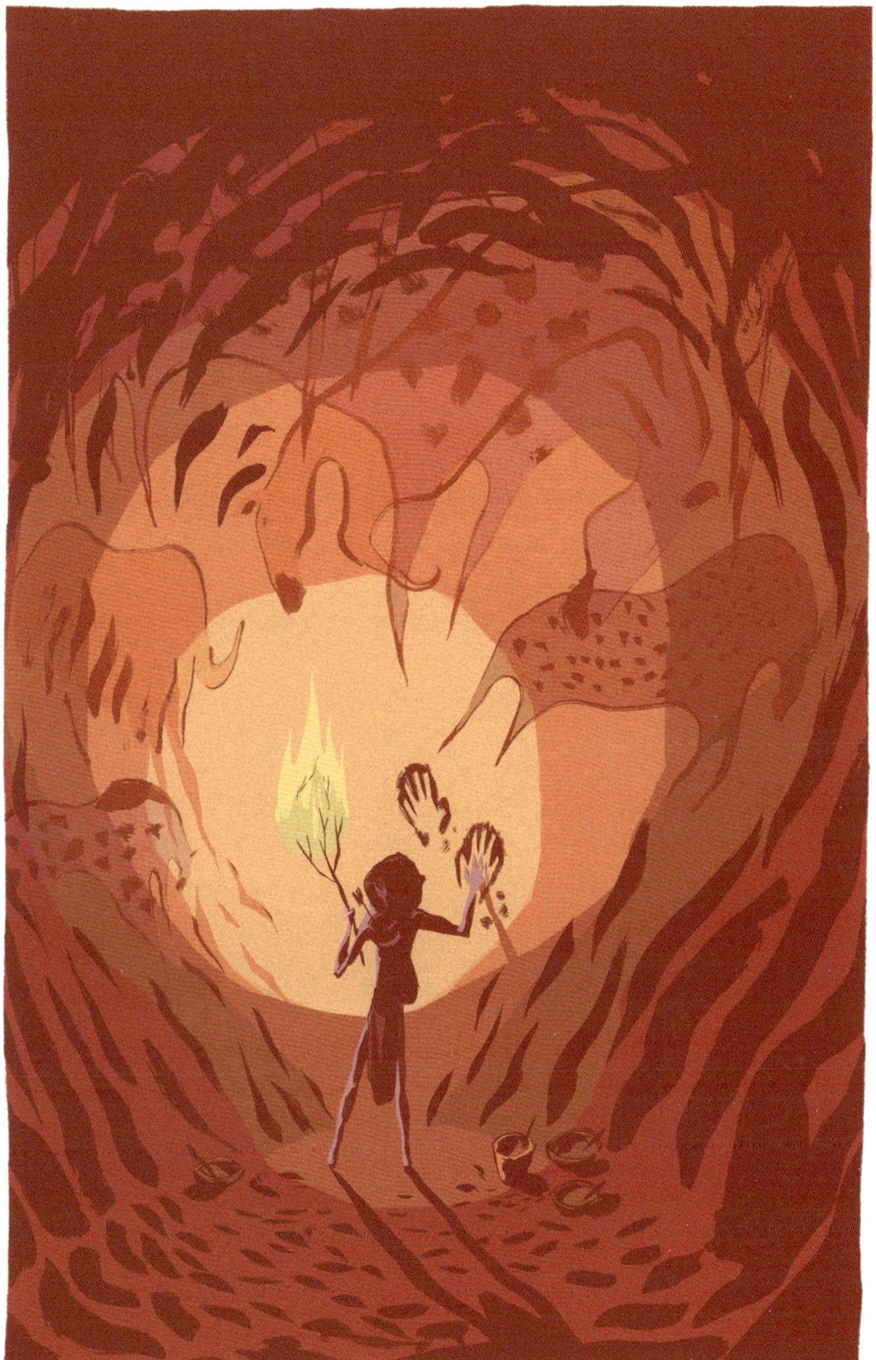

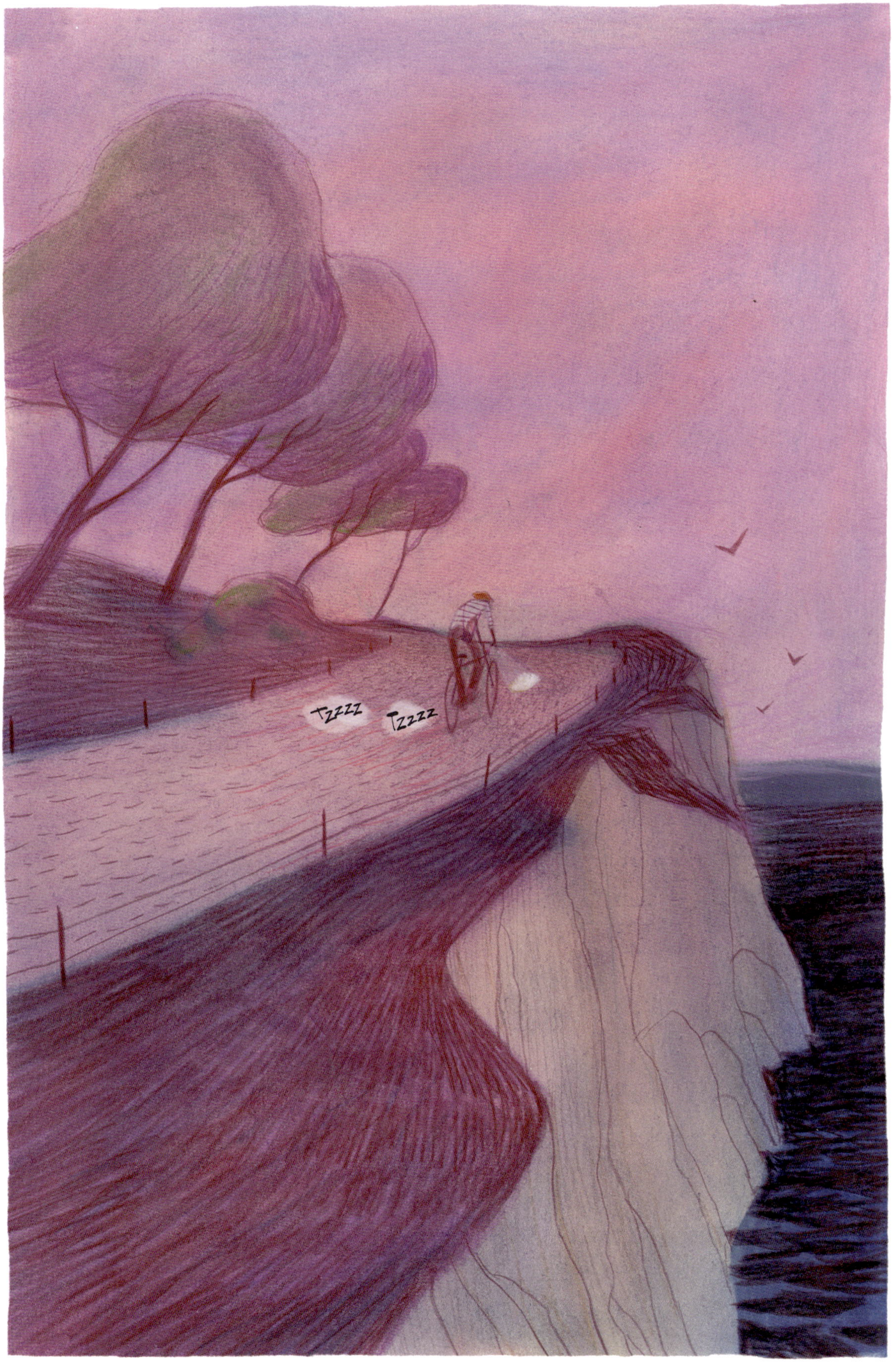
TZZZZ
TZZZZ

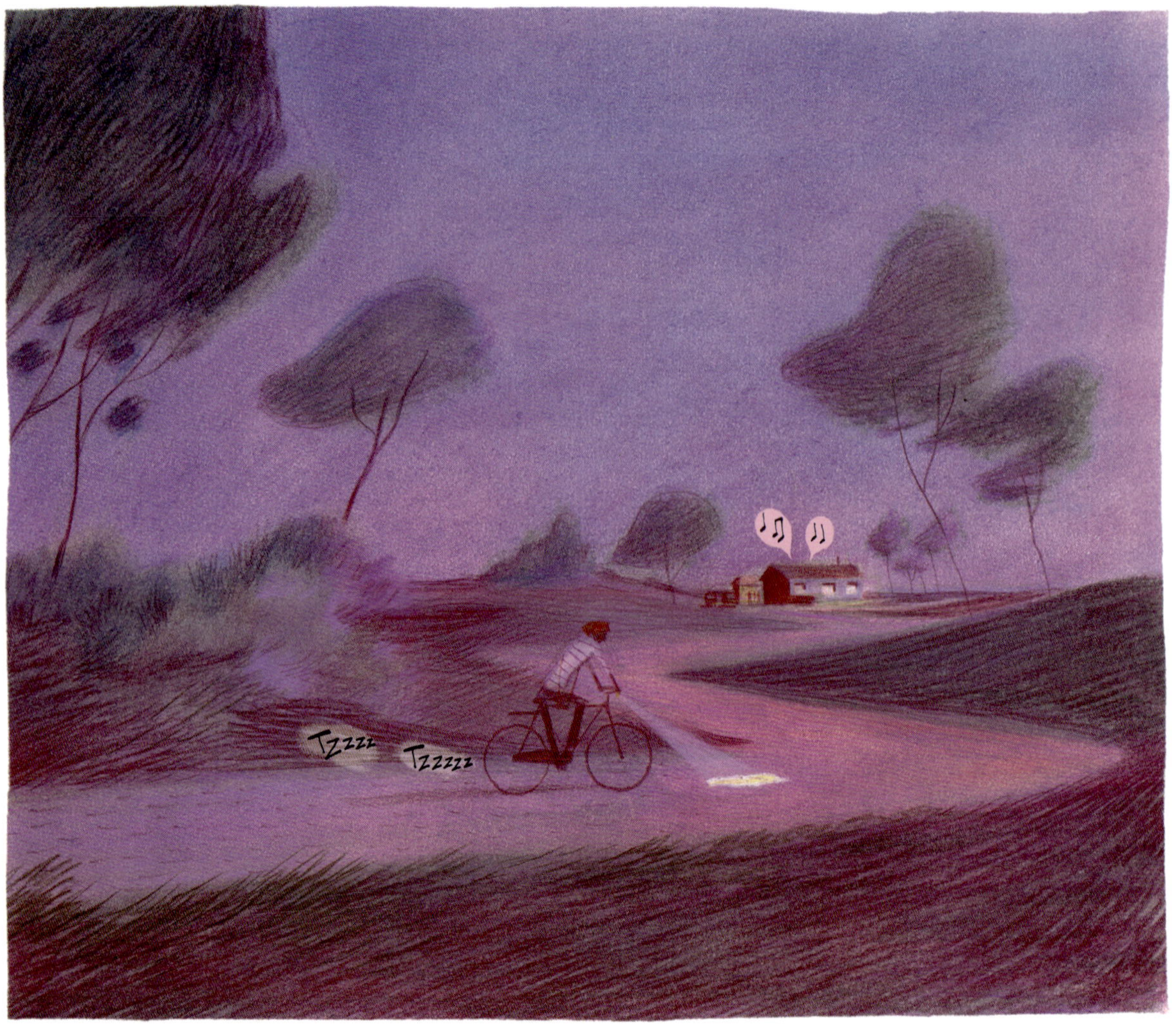
Tzzzz
Tzzzzz

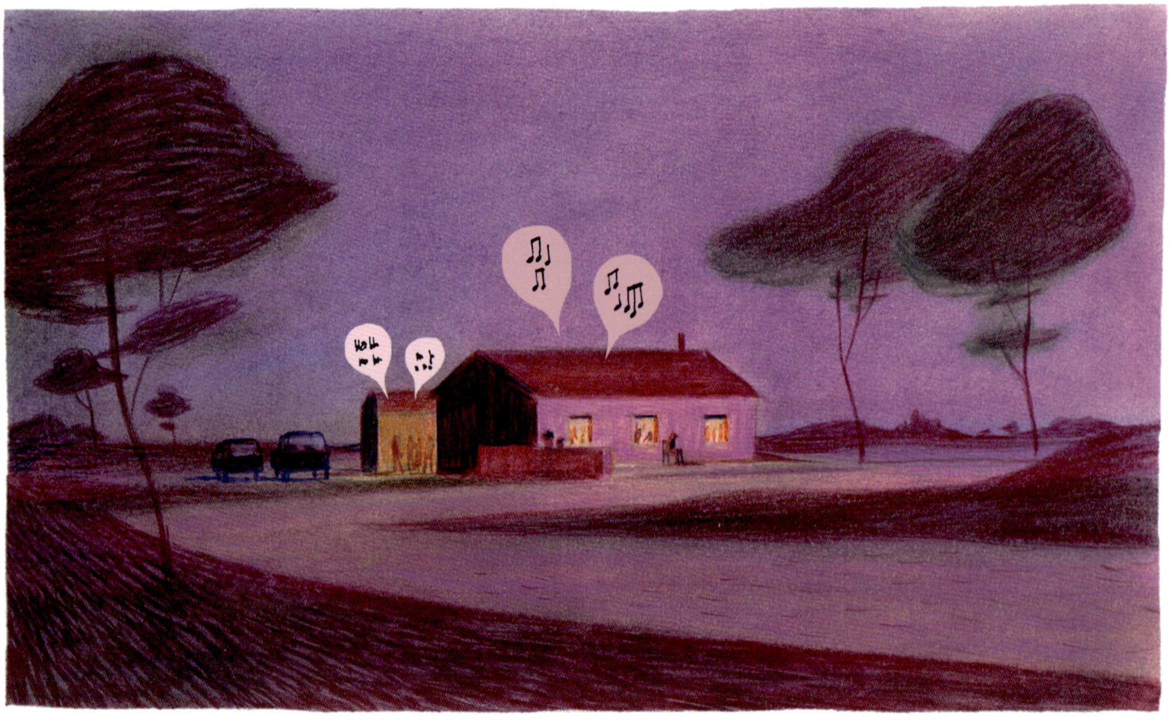

Stay on the scene
Patrick ist da!
Haha ha!
Like a sex machine
Stay on the scene
... seit letzter Woche...
Gibst du mir auch einen Becher?
Das wusste ich nicht, wo ist er?
Like a sex machine
Haha!
Gibt's noch Bier?
Olivier, tanzt du mit?
Ja, ich komme.

Looos!
Komm!
Get up
Ja, ich rauch nur noch fertig...
Ich komm gleich.
Mmm... Bist du genervt?
Nee, gar nicht.
klick
Alles okay?
Ja, klar.
Alles okay.
Ähm...
Hallo.
Ah, Camille! Wo hast du denn gesteckt?

Er versuchte vergeblich, die Wellen zu beherrschen.

Ein wirrer Gedankenstrudel brandete immer wieder gegen eine unsichtbare Mauer.

Die Wellen stiegen unaufhaltsam an.

Wenn er glaubte, er könnte sie endlich für einen Moment in Schach halten, um sie zu ergreifen, zu begreifen, verschwanden sie und ließen nichts als Leere zurück.
Ein trockenes Flussbett.

Er hatte etwas gedacht, tausend Dinge, aber was?

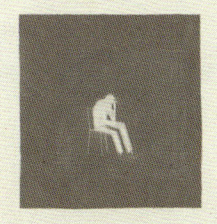

Die nächtliche Weite, die sich hier draußen vor ihm erstreckt, in der Himmel und Erde eins werden, vermag ihn so weit zu trösten, dass sich der Sturm in ihm legt.
Jetzt erinnert er sich.
Die Ankunft am Bahnhof heute Morgen.

Die üblichen Umarmungen. Die Gewohnheit gewordene Begeisterung, mechanische Freudensprünge, eine traurige Komödie, in der jeder voller Eifer seine Rolle spielt, allen voran er selbst. Er spürte, wie sich das erzwungene Lächeln wie eine starre Maske auf sein Gesicht legte, wie ihre Lederriemen seinen Schädel einschnürten. Er hätte sie gern heruntergerissen, aber seine Hände waren beschäftigt. Sie schüttelten andere Hände, umarmten leblose Körper, zündeten Zigaretten an. Taschenspielertricks. Was für eine Zeitverschwendung. Die Jahre sind so schnell vergangen, und plötzlich ist da diese Angst, man hätte sie umsonst gelebt. Warum muss man so tun, als spüre man diesen Schrecken nicht, erst recht, da eines Tages, morgen vielleicht, alles aufhören wird? Warum müssen wir verbergen, wer wir sind, und andere glauben lassen, uns würde nicht schwindelig dabei?

Er nimmt es ihnen übel, dass sie sich mit dieser Farce zufriedengeben, ihm nicht helfen, die tiefe Zuneigung wiederzufinden, die sie früher verbunden hat.
Es waren nur wenige Sekunden, auf dem Bahnsteig. Zurückgehaltene Worte, die in ihnen mit der Gewalt eines Orkans tobten, der in einem Staubkorn gefangen ist. Worte, auf eine dieser winzigen Narben reduziert, die manchmal viel später noch wehtun.

Am Partylärm vorbei trägt der Wind das gleichmäßige Rauschen des Ozeans zu ihm. Er kauert sich ein wenig gegen die Kälte zusammen, spürt die Kraft seiner aneinandergepressten Beine, nimmt einen tiefen Zug von seiner Zigarette und behält den Rauch im Mund, so lange er kann, bevor er ihn durch die Lippen entweichen lässt. Er steckt in einem lebendigen Körper. Er ist in Sicherheit. Die Ängste sind verflogen. Nun scheinen sie weit entfernt.

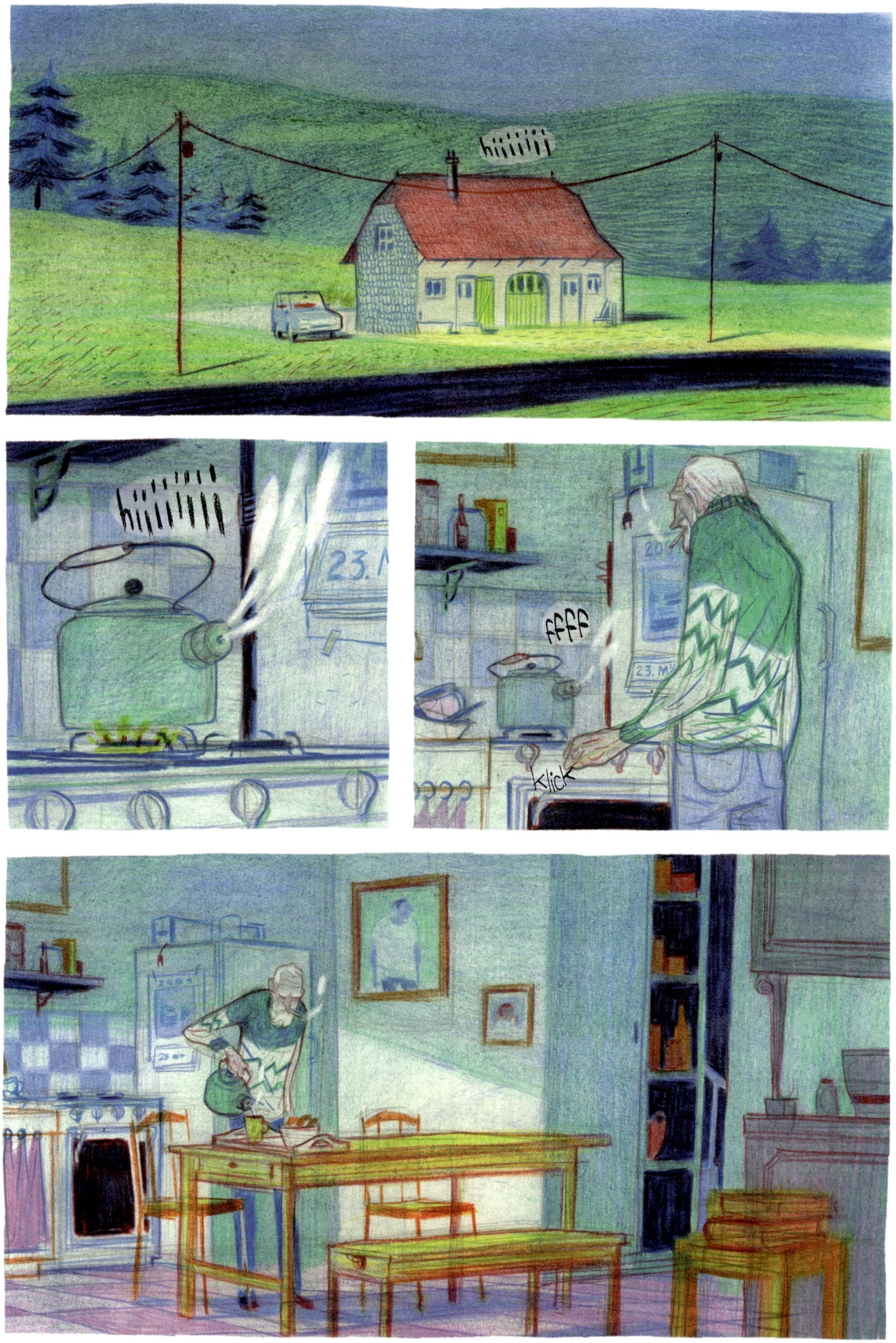
hiiiiiii
hiiiiiiii
ffff
klick

Gling Bling

Pass auf, der Tee ist sehr heiß.

In Ordnung...

Und du? Trinkst du keinen?

Ich kann mich nicht daran gewöhnen.

Aber ich müsste...

Der Arzt hat Kaffee verboten.

Und zum Rauchen hat er nichts gesagt??

Doch.

Aber da hab ich schon nicht mehr zugehört...

**Panel 2:**
— Was gibt's Neues vom Flughafen?
— Nichts...
— Die Bauarbeiten haben begonnen.

**Panel 4:**
— Und... Hast du was von Catherine gehört?
— Nein.
— Nicht wirklich...

**Panel 5:**
— Aber na ja...
FFFF
— Eine Ministerin hat's eben nicht leicht.

**Panel 1:**
— Als ich sie im Fernsehen gesehen habe, an diesem Strand...
— Ich fand das...
— ...brutal.

**Panel 2:**
— Alle haben nur darauf gewartet, sich auf sie zu stürzen.
— Sie ist Schlimmeres gewohnt.

**Panel 3:**
— Ja, wahrscheinlich.
— Schon seltsam.
— Ich erinnere mich noch genau an ihr grünes Kleidchen am ersten Tag in meiner Klasse.

**Panel 4:**
— Ist das Gedächtnis nicht ungerecht?
— Warum?

**Panel 5:**
— Ich weiß nicht.
— Ich erinnere mich an Catherines Kleid, aber nicht an die anderen Schüler in der Klasse...
— Ich weiß kaum noch, wie sie aussahen.

— Das ist normal.
— Du erinnerst dich vor allem an Catherine, weil sie eben brillant war.
— Ja.
— Aber es ist, als hätte es die andern Kinder nicht gegeben.
— Ist das nicht traurig?

— Ich hab es nicht geschafft, mich um jedes mit der gleichen Hingabe zu kümmern...
— Mit der gleichen Aufmerksamkeit.

— Cécile...
— Das ist nicht deine Schuld, du kannst nichts dafür.
— Ich weiß.

— Aber es ist ungerecht.

Ich muss mich bei dir bedanken.
Ach ja, wofür?
Beim Büchersortieren ist mir „Das Puzzle des Byron Caine" in die Hände gefallen.
Weißt du noch?
Das hast du mir geliehen, als wir nach England gefahren sind.
Ich erinnere mich nicht... Und dafür willst du dich bei mir bedanken?
Nicht direkt.
Bevor ich dich kannte, dachte ich, Buchhandlungen wären...
... keine Ahnung...
... wie Kirchen.
Ich hab mich dort fehl am Platz gefühlt.
Louis...

**Panel 1:**
— Warte...
— Lass mich ausreden.

**Panel 2:**
— Als wir zusammen waren, dachte ich, es wäre... ...für immer...
— Und dann...

**Panel 3:**
— Ach verdammt... Ich schaff's nicht...
— Also.

**Panel 4:**
— Was ich sagen will, ist: Ich weiß, was ich dir verdanke.
— Ich weiß es genau.

**Panel 5:**
— Ich meine es ernst.
— Du hast es immer ernst gemeint.

— Ich wusste nicht, ob ich kommen soll...
— Manchmal denke ich, wir sollten es lieber lassen.
— Sollen wir uns nicht mehr sehen?

— Doch.
— Aber nicht unbedingt an seinem Todestag, an dem die jahrelange Trauer über uns hängt.
— Sollten wir das nicht lassen?

— Ich war im Herbst auf dem Friedhof.
— Ja.
— Ich hab die Blumen gesehen.

— Auf der Rückfahrt nach Paris, im Bus, ich war so erschöpft... ...und fühlte mich so... ...alt.

Es ist schon so lange her.

Er fehlt mir.

Jeden Tag.

Aber die Erinnerungen an ihn sind nach und nach verblasst... Das ist unerträglich.

Es ist, als wäre er ein zweites Mal gestorben.

Pauliiine!

Essen ist fertig!

... auf seiner letzten Baustelle vor der Rente...

... machte Samir Benjelloun völlig unerwartet einen außergewöhnlichen Fund.

Das nervt doch, oder?

Als er das Fundament des zukünftigen Flughafens von Morteuil aushob...

... kam durch einen Erdrutsch eine tiefe Höhle zum Vorschein...

Hm? Waf meinsch du?

... die Zeugnisse menschlicher Aktivität aufweist, insbesondere Wandzeichnungen...

... möglicherweise aus der Jungsteinzeit.

Kann ich umschalten?
... eine bedeutende Entdeckung, die das gesamte Flughafenprojekt gefährdet...
... die Bauarbeiten hatten diesen Winter begonnen, trotz heftiger Proteste...
Meinetwegen...
Ich geh schlafen.
Mach nicht mehr so lange, wir müs-sen früh raus.
Ok...
Schlaf gut, Papa.

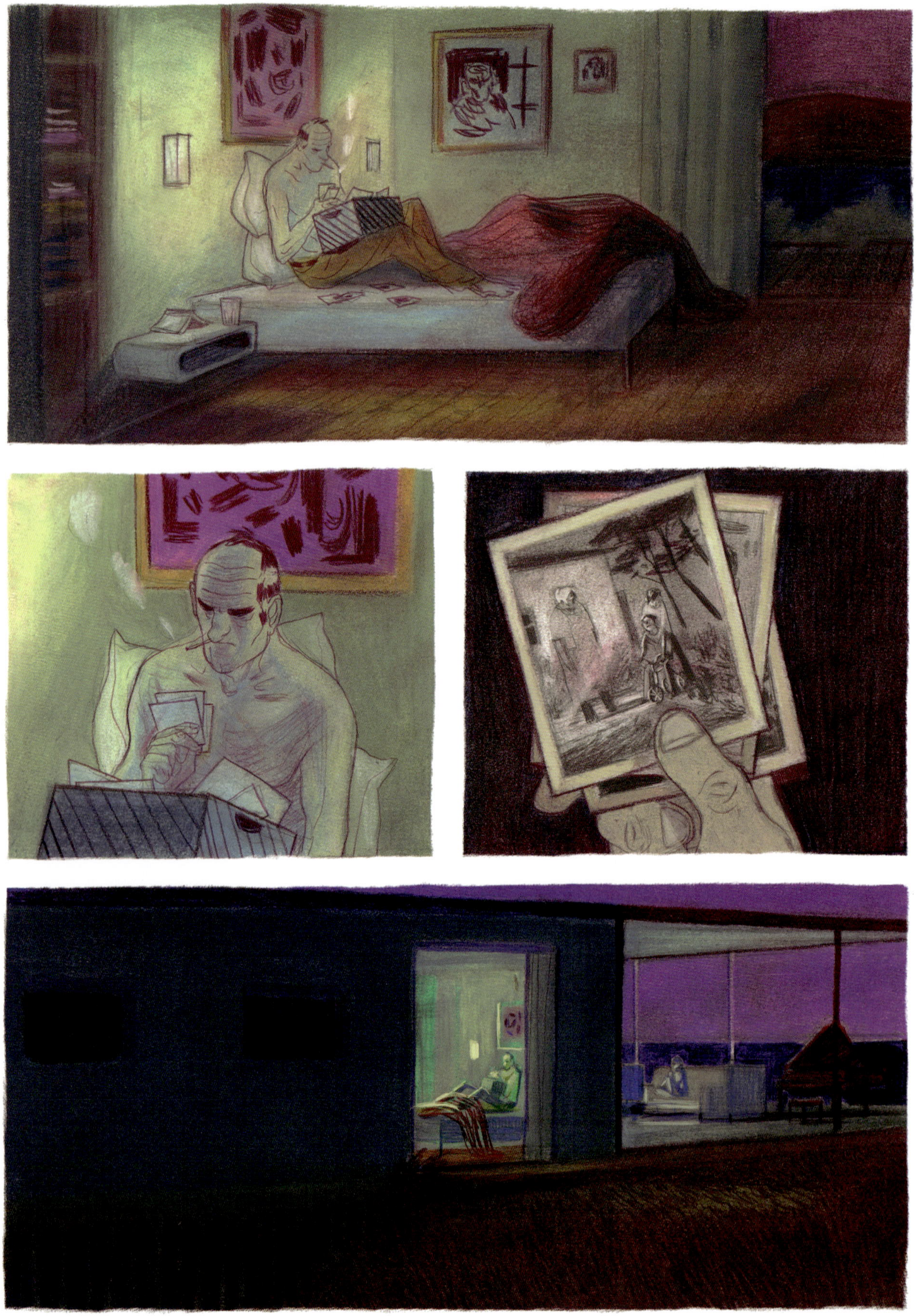

Und, freust du dich?
Na klar...
Auf jeden Fall.
Rufst du kurz an, wenn du da bist?
Was?
Ach, nichts...
Ich hab dir noch ein bisschen Taschen-geld in den Rucksack gesteckt.
Ah, cool. Danke, Papa.

Ähm... Pauline...
Du fährst im Bus vom Kleber-Gymnasium mit.
Kann ich nicht mit Manon und Juju fahren??
Wie ätzend!
Hör auf zu meckern und ab in den Bus.
Geh schon, ich kümmer mich um deinen Koffer.
Gute Reise.
Bis bald, Papa.
Simon Ploëmel?
Simon??
Er ist da, Monsieur...
Hey! Simon! Hörst du uns?

Los, mein Kleiner, schnell in den Bus!
Hör auf, Mann!
Lass mich!
Pauline Forney?
Äh... Ja, hier!
Passt der noch?
Warten Sie, ich schiebe den rüber.
Tock Tock

214

Geh ruhig nach Hause, Delphine...

Doch, doch.

Ich kümmer mich nachher um das Wartezimmer und die Akten.

Hallo.

Du solltest ein bisschen besser putzen.
Aber sonst ist alles halb so wild...
Wie wär's mit 'ner Zahnreinigung?
Sieht schöner aus.
Wenn du meinst...
Trotz-dem...
Du hättest mich schon vorwarnen können.
Hast du meine Nachricht denn nicht abgehört?
Äh...
Doch...
An Weihnachten, das ist ewig her...
Stört es dich, dass ich einfach so aufkreuze?
Nein.
Na los, Mund auf, Damien.

Vrrr

Stört es dich, wenn ich rauche?

zzzz

Vrrr

Schon komisch...
Ich war mir sicher, dass du das Haus verkaufst.
Ja...
Am Anfang hatte ich das auch vor.
Aber wo sollte ich hin?
Und Pauline ist ja auch noch da...
Wie geht's ihr?
Gut.
Denk ich.
Schade, dass du sie nicht siehst.
Sie ist mit der Schule eine Woche in Spanien...
Wie alt ist sie? Vierzehn?
Fünfzehn.
gling gling
Toll!
Na ja...
Ziemlich nervig, ehrlich gesagt.
Haha!

— Was ist los mit dir?

— So seh ich dich zum ersten Mal...
— In deinem Talar.

— Und?

— Ich weiß nicht.

— Muss mich erst dran gewöhnen.

Tipp tapp tipp

Projob ▶

»20 Telemarketing-Mitarbeiter in Redon.«

Leider kann sie kein Fachabitur mit Schwerpunkt Wirtschaft vorweisen, auch kein BWL-Studium und/oder Vertriebserfahrung im Innen- oder Außendienst.

Ein schriller Ton in ihrem rechten Ohr.

Gemischt mit einem Rauschen.

Sie litt schon immer unter diesen Störgeräuschen.

Mithilfe des Klaviers in Mademoiselle Chevaliers Musikunterricht an der Chateaubriand-Schule hat sie dieses permanente Ohrensausen als ein B identifiziert. Zwei Oktaven über dem Grundton.

»Verkäufer(in) für Franchise-Eissalon, Region Grand Ouest«.
Sie hat auch keine kaufmännische Ausbildung und/oder sechs Monate Verkaufserfahrung. Im Februar, nach ihrem dritten Aushilfsjob bei Breizh-Bay, stellte ihr die Personalabteilung in Aussicht, dass ihre Stelle entfristet werden »könnte«. Die Ankündigung der ersten Entlassungen ein paar Monate später rechtfertigte den Gebrauch des Konjunktivs im Nachhinein voll und ganz.

Heute Morgen war sie bei ihrem Vater.
Seit anderthalb Monaten besucht sie ihn mindestens einmal wöchentlich in dem kleinen Zimmer in der Régnier-Klinik. Ende März wurde er in die geschlossene Abteilung der dortigen Psychiatrie eingewiesen, direkt nach ihrem letzten Einsatz bei Breizh-Bay.
Er ist eigentlich nicht dort, um behandelt zu werden. Man will ihn beobachten und so vielleicht herausfinden, woran er leidet. Diese Dissonanz, die bislang offenbar niemand außer ihr wahrgenommen hatte, über die sie nie hatte sprechen können, kam endlich ans Tageslicht, wurde endlich hörbar.
Sie wusste es seit ihrer Kindheit. Man durfte ihm nicht wehtun, ihn nicht verletzen. Schon ein kleines bisschen Hektik konnte ihn aus der Fassung bringen. Sie hatte nicht nur sehr früh seine Schwächen erkannt, sondern vor allem das riesige Loch, das sich hinter diesen harmlosen Rissen verbarg. Früher oder später würde alles zusammenbrechen, das wusste sie.
Als ihr Vater noch sprechen konnte, hatte er die ärgerliche Angewohnheit, Gegenstände, Personen und Ereignisse nicht zu benennen. Er benutze »Dings«, »Zeugs«, »das da«, um immer simplere Gedanken zu artikulieren. Wahrscheinlich war er anderweitig damit beschäftigt, gegen den Verfall zu kämpfen.

Sie hatte viel geweint am Telefon, als sie von seiner Einweisung erfuhr. Ihr Bruder tröstete sie aus der Ferne. Sie sollte sich keine Sorgen machen, es würde nicht lange dauern. Ihr Vater würde bald wieder entlassen. Aber sie machte sich keine Sorgen. Sie weinte nicht wegen der Krankheit ihres Vaters, sondern weil sie sie all die Jahre nicht hatte benennen können. Endlich ist die Dissonanz verklungen.

Das B in ihrem rechten Ohr wird immer deutlicher. Es fällt ihr schwer, sich auf die Stellenangebote im Schaufenster zu konzentrieren. Der Ton steigt an wie ein Pfeil, der gen Himmel schießt. Wie die Raketen am 14. Juli, die alles mit ihrem Licht erfüllen und die Gaffer in ihren Bann ziehen.
Und dann gibt es nur noch diese aufsteigende Rakete, auf deren Explosion alle warten, als wäre sie ein Erlösungsversprechen.

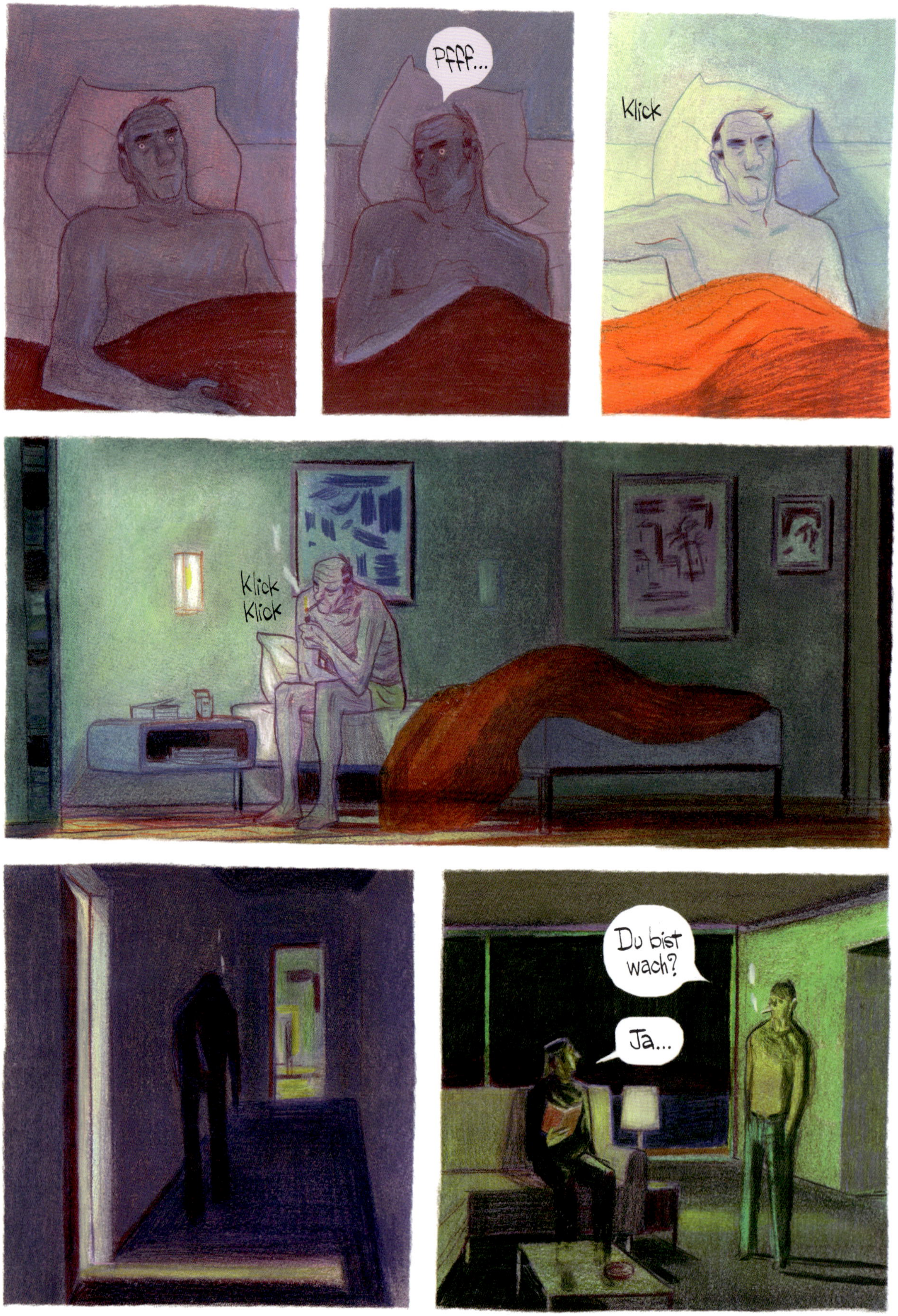
Pfff...
Klick
Klick
Klick
Du bist wach?
Ja...

In Montreal ist es erst zehn.

Ich kann nicht schlafen ...

Du auch nicht?

Nee.

Bist du sauer, weil ich mich nicht um Mama gekümmert habe?

Nein...
Hätte ja auch nichts geändert.
Ich hab viel an sie gedacht...
Und an Papa.
Ich hab mir gesagt ...
Das war's... Jetzt sind sie beide nicht mehr da.
Du bist allein.
Ach komm!

Nein, ich meine, sie sind nicht mehr da, um uns zu beschützen...
Man ist immer allein, Damien...
Immer.
Nein.
Das glaub ich nicht.
Wollen wir was Trinken?
Ja, ich bin dabei.

driiing   drtriing   driiing

Guten Tag, hier ist der Anschluss von Louis, bitte hinterlassen Sie eine Nachricht.

Guten Abend, Louis, hier ist Catherine.

Ich komme gerade aus dem Ministerium und sitze im Taxi...

Ich denke an dich.

Bercy will mein Gesetz für den Güterverkehr blockieren, aber ich werde nicht nachgeben...

Ich glaube, ich habe viel von dir gelernt, weißt du...

Ich hoffe, es geht dir gut...

Und dass wir uns bald sehen.

Alles Liebe.

klick

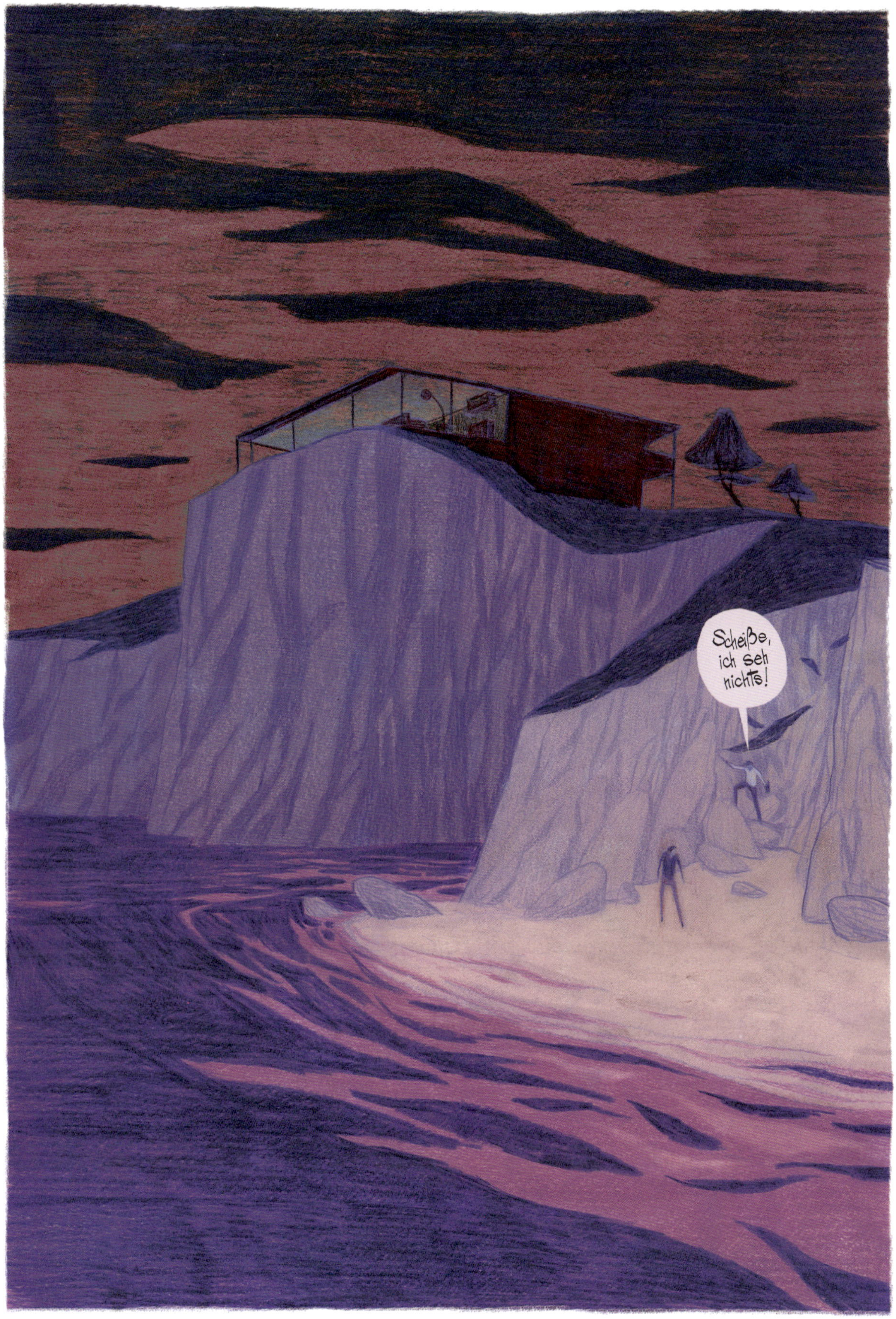
Scheiße, ich seh nichts!

Wir hätten 'ne Lampe mitnehmen sollen...
Ja...
Und noch 'ne Flasche!
Weißt du was?
Wir trinken die hier leer und holen uns da...
Aaah!
Alles ok??
Mist, ich bin komplett voll damit...
Haha!
Haha!
Halt die Klappe!

Los, steh auf, Ungläubiger!
Hey?!
Haha!
Haha!
Hau ab!
Du hast 'ne Fahne!
Aua!
Na?
Lass mich!
Du tust mir weh.
Wo ist denn dein Gott jetzt?
Na?
Lass mich los, Mann!

hhh
hhh
Bist du bescheuert?
Scheiße, mein Arm.
Warum bist du so wütend?
klick

— Willst du's wirklich wissen?

— Ja.

*hhh*

*ffff*

— Ich fass es einfach nicht, dass du bei diesem Theater mitmachst.

— „Theater"?

— Uns kann niemand retten.

— Bete, so viel du willst, Damien, das bringt dir auch nichts.

Nein.

Du irrst dich.

Mann!!

Weißt du, wie es im echten Leben läuft?

Weißt du, wie es mit Mama gelaufen ist??

Wie ihr Gehirn sich aufgelöst hat?

Einfach so! Pschtt!! Zelle für Zelle!

Bis sie niemanden mehr erkannt hat.

Am Ende hat sie nur noch geknurrt.

Ghgr

Ghgr

Hör auf.

Und dann hat auch ihr Körper schlappgemacht.

Ein Stück Fleisch, das man im Bett umdreht, damit es nicht fault.

— Also, wenn es Gott gibt, wenn er da irgendwas tun kann...

— Tut mir leid, aber er ist echt ein mieses Arschloch, wenn er auf unsere Gebete wartet, bis er einen Finger rührt.

— Du kotzt mich an, Vincent.

— Was glaubst du denn?

— Dass ich eine bequeme Erklärung für das alles habe?

— Dass ich immer das Richtige sage?

— Dass ich es nie satthabe, ihre Toten zu begraben und mir ihre Leidensgeschichten anzuhören?

— Von ihren Lügen zu erfahren, ihren Gemeinheiten...

— Ich bin genauso verloren wie sie und wie du.

— Gott hat damit nichts zu tun.

— Du sagst es.

235

Weißt du... Sie kommen zu mir.

In der Kirche, auf der Straße...

Sie laden ihren Schmerz ab, ihre Wut. Und ich versuche, alles aufzunehmen.

Wie eine... widerliche Brühe.

Ich trinke sie.

An ihrer Stelle.

Manchmal denke ich, das ist das Einzige, was ich für sie tun kann.

Die Synode hat mir eine Gemeinde im Doubs angeboten.

Ich glaube, ich lehne ab.

Warum?

| | | |
|---|---|---|
| "Weiß nicht." / "Ich hab das Gefühl, ich müsste mehr tun." | "Unter Leuten leben, die wirklich nichts haben." | "Derselben Gefahr ausgesetzt." / "Aber ich hab Schiss." |
| "Ich hänge zu sehr..." / "...an all den Annehmlichkeiten, bin zu ehrgeizig..." | "Und ich dachte, ich könnte mich leichter davon verabschieden." | "Ich bin nicht..." / "...gut genug." |
| "Mann..." | "Es macht mich krank, wenn du so was sagst." | "Schau mich an." / "Schau dir..." / "...die ganze Menschheit an." |

Wir sind fett.

Und hässlich.

Und gemein.

Und bestimmt nicht gut.

Wir sind nicht besser als die Karnickel.

Haha! Karnickel?!

Ja, klar!

Scheißegal, ob die andern verrecken, solange ich was zu fressen und einen anständigen Bau hab...

So sind die Menschen.

Du bist anders, Damien.

Du bist besser als ich.

Besser als wir.

**Panel 1:**
Wenn ich nur ein bisschen was von deiner Intelligenz hätte...
...mir würde echt was anderes einfallen, als an Gott zu glauben.

**Panel 2:**
Das ist nett von dir...

**Panel 3:**
Nein, Mann!
Eben nicht!
Ich kapier das alles nicht, dein Leben, deinen Glauben.
Das ist absurd.

**Panel 4:**
Ab-surd!
Ich würd dir am liebsten eine reinhauen!

**Panel 5:**
Ich hatte keine Wahl.
Das ist wie... sich verlieben.
Ich kann nicht anders...
Ich weiß.
Umso schlimmer.

**Panel 6:**
Los, komm...
Ich muss dir unbedingt was zeigen.

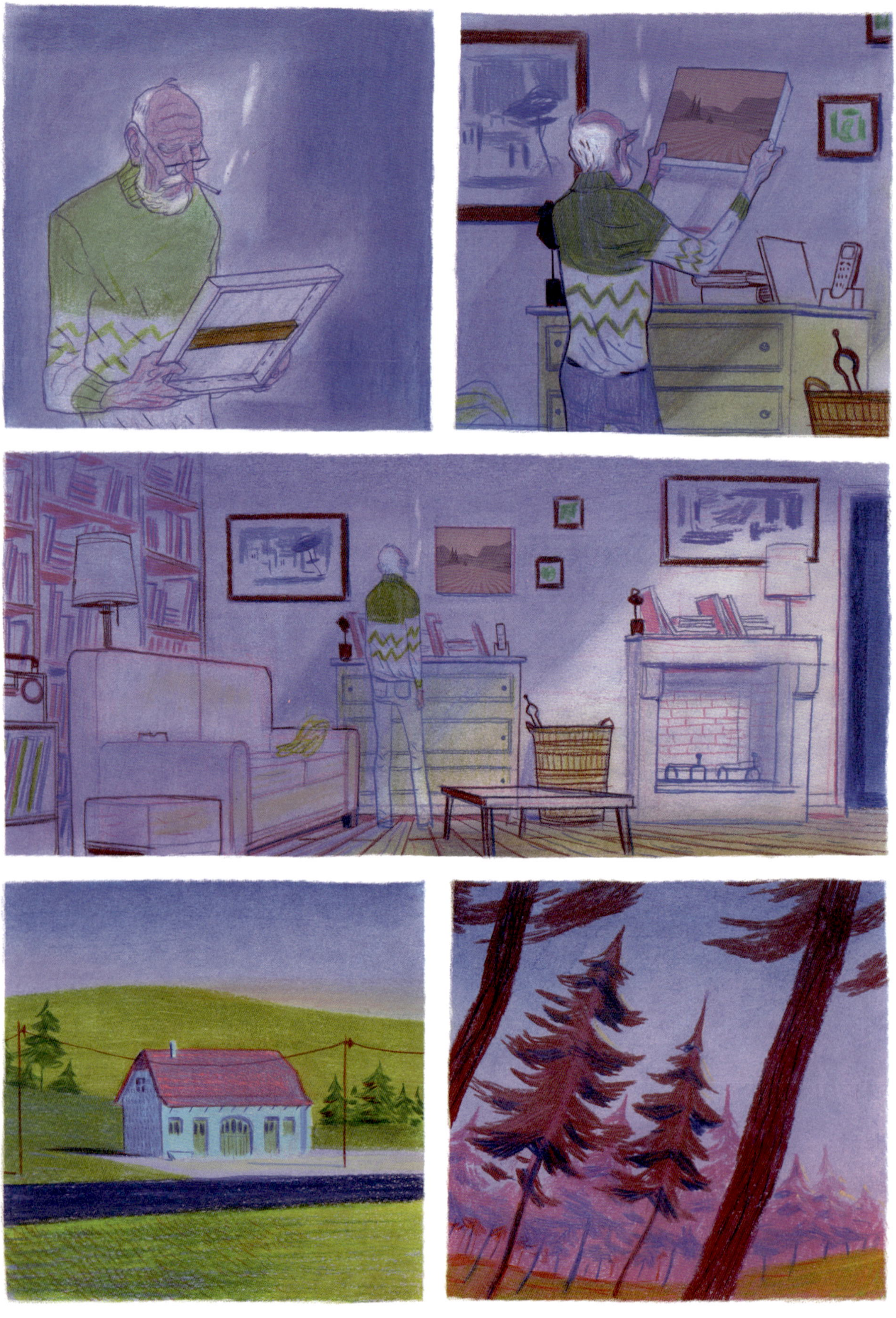

Und?

Als würde man durch ein Schlüsselloch in die Vergangenheit schauen.

Ja.

Genau das ist es.

Jedes Mal, wenn ich die Frau in Schwarz sehe, denke ich, sie ist für immer vergessen.

Und...

Ich weiß nicht...

Ich finde das unendlich traurig...
Bescheuert, ich weiß.
Hast du noch Kippen?
Mhm.
Seltsamer Gedanke, dass wir alle irgendwann verschwinden, wie diese Frau.
Oder?
Auch wir werden zu solchen Gespenstern in Kisten...
Gespenster?
Ja.
Sie erinnert mich an Blandine.
klick
Das waren schöne Ferien bei ihr...
Damals war ich glücklich...

Schon komisch.
Ich denke oft an den Sommer, als wir zusammen in Australien waren.
Keine Ahnung, warum.
Erinnerst du dich?
Klar, was denkst du denn??
Nein, ich meine…
Erinnerst du dich, wie unbeschwert wir waren?
Wir haben uns ständig verliebt.
Die Mädels standen auf uns.

Weißt du noch, wie sie uns angeschaut haben?
Das ist so weit weg.
Vincent...
Was macht dir Angst?
Weiß nicht, es kam ganz plötzlich.
Mir wird zum ersten Mal bewusst, dass eines Tages alles aufhört.
Ich denke an die Leben, die möglich gewesen wären.
Und es kommt mir so vor, als hätte ich keins davon gelebt...
Nicht mal eins.

Ja.
Das versteh ich.
Monteverdi
Haha!
Du bist ein verdammter Heiliger.
Und du nervst.
Ich kann einfach nicht begreifen, wie du lebst.
Deinen Glauben, das alles.
Ich kapier das nicht.
Doch.
Ich bin mir sicher, dass du es sehr gut verstehst.
skrrietsch
Monteverdi
Damien...
Ich weiß nicht, was mit mir los ist.

Nichts.

Du wirst alt, und du bist ein Lebewesen.

Sonst nichts. ♪

Ich bin Kieferorthopäde, Mann...

Ich kann kein Lebewesen sein, das passt nicht...

♪ Inceherite spoglie ♪ ♪

avara ♪♪ tomba ♪♪ ♪

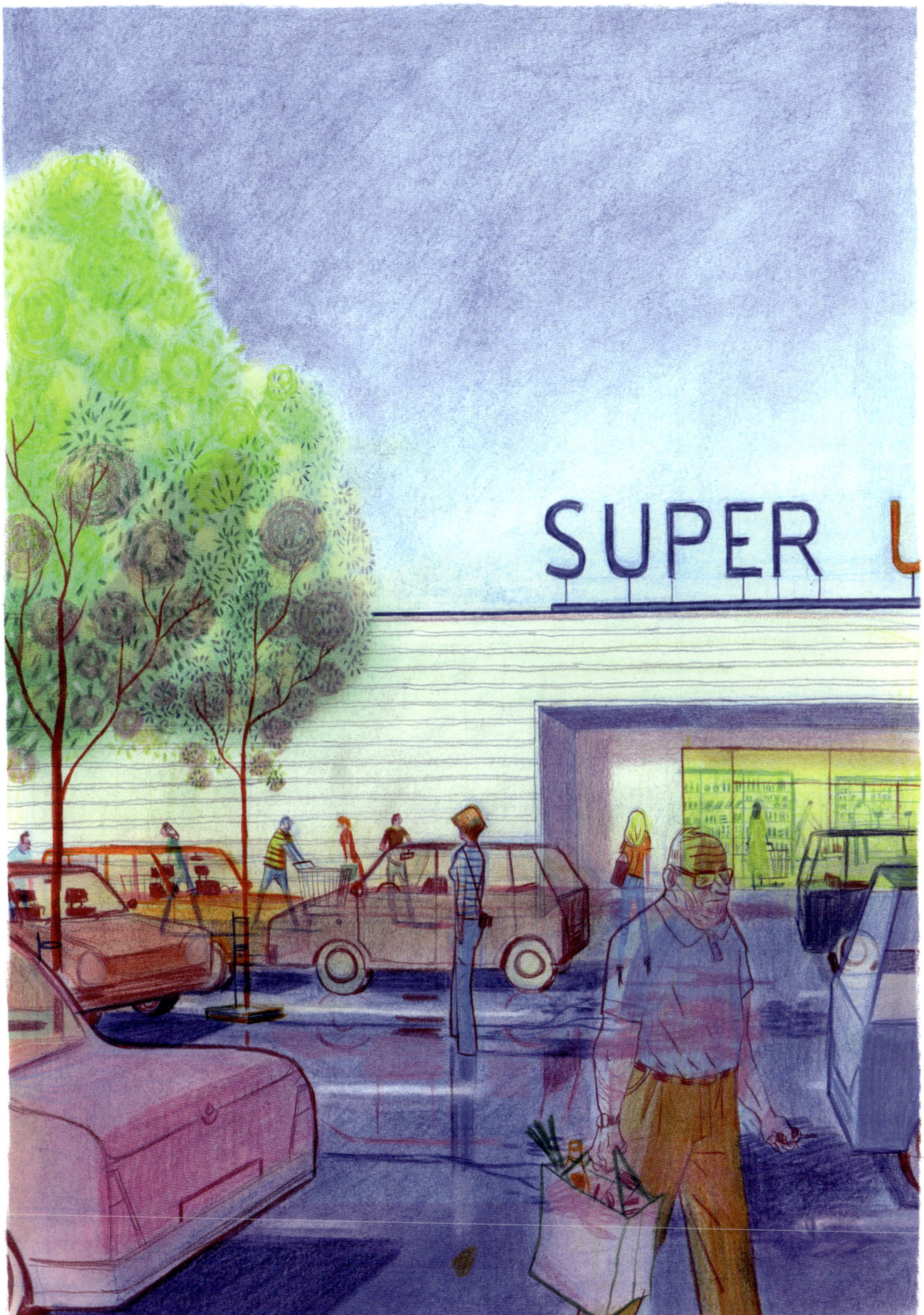
SUPER

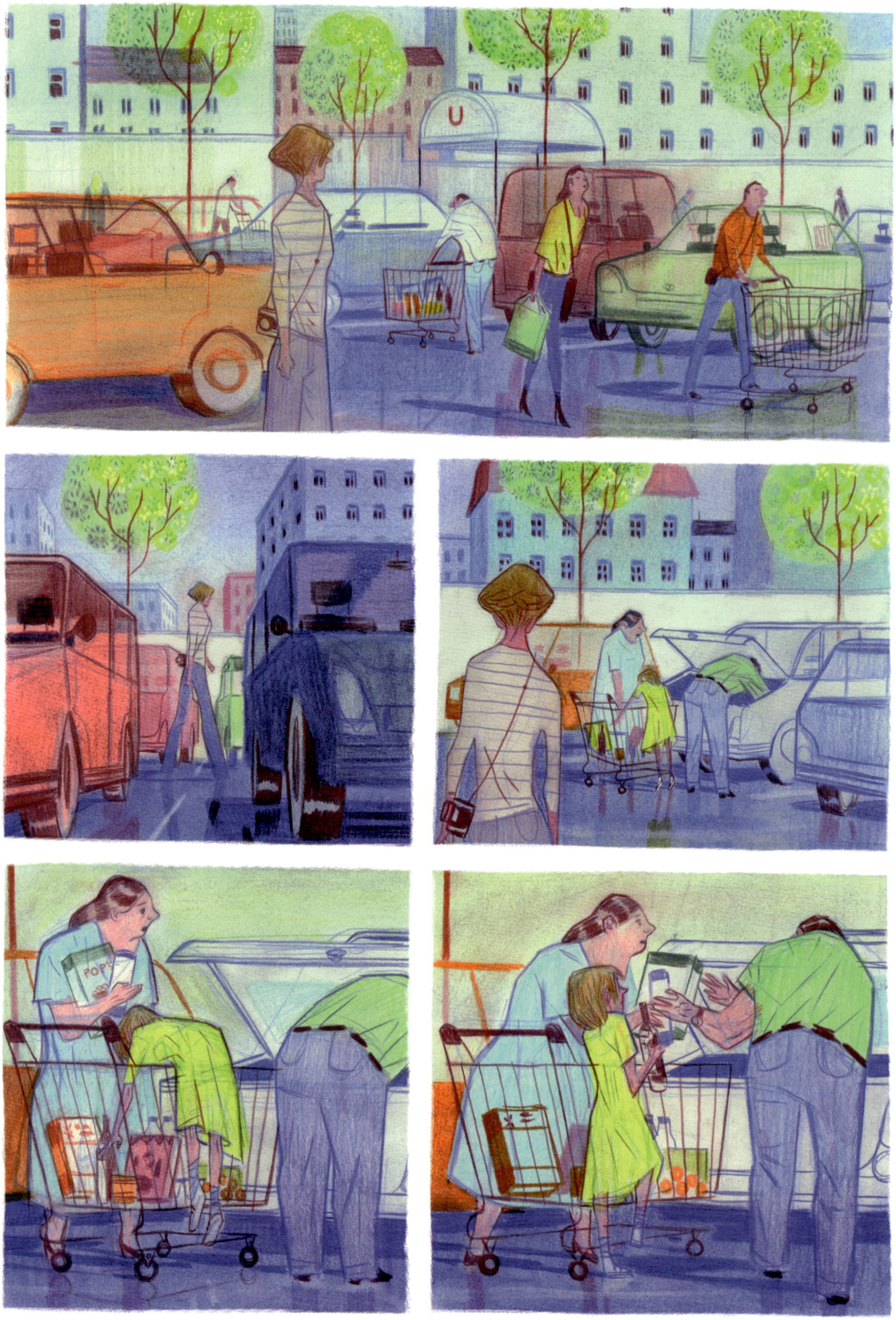
U

Sie gibt ihr Bestes, aber das ist nicht immer leicht.

Sie muss die Einkäufe in der richtigen Reihenfolge anreichen, damit ihr Vater sie auch korrekt in den Kofferraum einräumen kann.

Alles muss an seinen Platz.

Den Käse legt man nicht unter die Konserven.

Ist doch logisch.

Die Glasflaschen müssen sicher hinter der Küchenrolle verstaut werden. Die Milchprodukte kommen zum Schluss in eine separate Tüte neben die Tiefkühlware. Das dauert alles ein bisschen, aber es muss sein.

Jeden Samstag gegen halb zwei fahren sie zum Supermarkt. So können sie nach einem gründlichen Vormittagsputz noch in Ruhe zu Mittag essen. Nach dem Essen trocknet sie wie jeden Samstagmittag das Geschirr ab. Zuerst die Gläser mit einem speziellen Tuch, damit keine Fusseln hängen bleiben.
Manchmal hat sie noch Zeit, hoch in ihr Zimmer zu gehen, während ihre Eltern einen Kaffee trinken. Dann schließt sie leise die Tür hinter sich und legt sich bäuchlings auf den Fußboden, um ein paar Seiten zu lesen, eingehüllt in die Wärme der Sonne auf dem Parkett.

Manchmal, wenn sie an der Kasse warten, kann sie sich nicht beherrschen und muss von einem Fuß auf den anderen tippeln. Aber sie bemüht sich, so gut sie kann, diese Bewegungen zu kontrollieren, damit sie so unauffällig wie möglich sind. Sie weiß, wie anstrengend ein Kind sein kann, das nicht stillsteht. Sie sind müde. Alle sind müde, wenn sie samstagnachmittags nach einer anstrengenden Arbeitswoche einkaufen gehen. Das macht niemandem Spaß. Aber es muss sein.

Ihr Vater vergewissert sich ein letztes Mal, dass alles an seinem Platz ist, und nimmt noch ein paar kleine Änderungen vor.
Einmal war ein Tetra Pak Saft im Kofferraum weggerutscht. Sie haben es hinter den Wasserflaschen wiedergefunden.
Sie setzt sich auf die Rückbank, das Auto fährt los.
Auf dem Nachhauseweg spürt sie, wie jeden Samstagnachmittag, diesen eiskalten Schauder, den sie sich nicht erklären kann.

Rettet
-Bay!!
Kein Luft- ♩ verkehr!!!
Flughafen geschlossen = 300 Arbeitsplätze weg!
... keine Arbeit ♫ mehr.
Rettet Breizh-Bay!!
Zeichnest du oft irgendwelche Leute?
Hey!
Na los!
Zeig mal!
Gib mir mein Heft zurück!
Warte!
Das ist ja krass!!
Deine Zeichnungen sind der Hammer!
Hast du noch mehr solche Hefte?
Weiß nicht!
Gib her!!

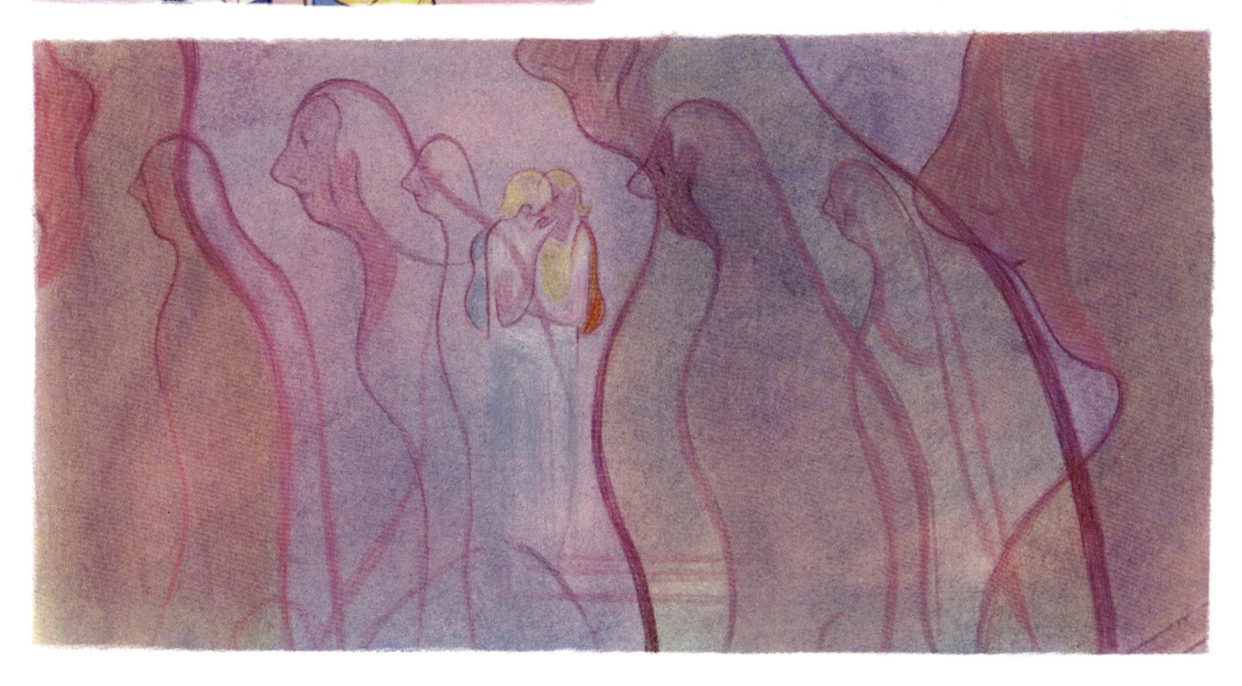

— Wie, du weißt nicht?
— Ich weiß es halt nicht!
— Ich zähl sie doch nicht jeden Monat...

— Du brauchst also mehrere Hefte im Monat?
— Ja, drei oder vier.
— Ich zähl sie nicht...

— Ein Kumpel von mir geht in den Abendkurs im Museum.
— Na und?

— Donnerstags, glaub ich...
— Da solltest du auch hin.

Ich war sprachlos, wie gelähmt.

Es war dumm, sich in Sicherheit zu wiegen.

Olivier klang so fröhlich und begeistert, wie ein kleiner Junge. Ich stellte mir vor, wie er am anderen Ende der Leitung vor Aufregung auf der Stelle hüpfte. Er wollte die ganze Truppe zusammentrommeln, um mich in zwei Wochen zu besuchen. Wir würden alle zusammen ein fantastisches Wochenende verbringen, wie früher, wir würden grillen, am Strand picknicken, Boot fahren… die Liste war endlos. Ich stammelte zwei, drei leere Worte, ja, auf jeden Fall, was für eine großartige Idee, dann legte ich so schnell wie möglich auf und ließ mich aufs Sofa fallen. In der Magengrube spürte ich ein vertrautes Gefühl, das ich längst vergessen hatte, eine dumpfe Angst.

Der Schein der Lampe tanzt auf dem Asphalt. Als wäre die Welt auf diesen flackernden Lichtkegel reduziert. Das gleichmäßige Summen des Dynamos offenbart die Stille um mich herum und lässt sie noch kostbarer erscheinen.

Ich war nicht um dieses Wochenende mit den alten Mitstreitern von der juristischen Fakultät Nanterre herumgekommen. Der Preis für meine Unterkunft. Von ihrer Ankunft am Freitagabend bis zu ihrer Rückfahrt nach Paris am Sonntagmorgen hatte ich nahezu ständig das Gefühl, ich würde in der Falle sitzen. Aber mir wurde trotz allem etwas klar: In dieser Angst lag auch Stolz. Ich fürchtete, mit der überheblichen Nachsicht behandelt zu werden, die denen zuteilwird, die erwartungsgemäß gescheitert sind und so die anderen bestätigen. Es tat mir trotzdem gut, zu erkennen, dass sie eigentlich nichts mehr von mir erwarteten.

Es ist noch ziemlich früh.
Ich trete mechanisch in die Pedale, ein bisschen schläfrig, bitteren Kaffeegeschmack im Mund. Mein Körper wird bald aufwachen. Ich spüre schon, wie er sich allmählich mit Leben füllt.

Am Samstagabend wollten sie eine große Party feiern, wie früher. Ich habe viel getrunken und mich ein bisschen abseits gehalten. Fred war nicht mehr da. Wir würden nicht zusammen unseren Chouchen in den Garten kotzen.

Ich betrachtete sie, wie sie zusammengedrängt im Wohnzimmer saßen, alle genauso betrunken wie ich. Mir wäre es lieber gewesen, einer von ihnen wäre an seiner Stelle gestorben. Ein abscheulicher Gedanke. Ich torkelte hinaus, um eine Runde mit dem Fahrrad zu drehen und ein bisschen durchzuatmen. Als ich zurückkam, waren alle im Haus am Tanzen. Olivier saß allein im Garten und blickte eigenartig ins Leere. So hatte ich ihn noch nie gesehen. Neben der Spur. Irgendwie hilflos. Zum ersten Mal erschien er mir weder besser noch schlechter als ich.

Das Foto war ein Reflex. Beim Geräusch des Auslösers drehte er seinen Kopf zu mir. Jetzt trug er wieder das Schutzschild seines selbstsicheren Lächelns. In dem Augenblick kam Sylvie nach draußen und tat so, als hätte meine Abwesenheit sie beunruhigt. Ich ging wieder ins Haus, hatte keine Lust zu antworten. Sofort war die alte Ordnung wiederhergestellt.

Jetzt bin ich ganz wach. Sobald ich an der Landstraße ankomme, werde ich den ersten Autos begegnen. Ich genieße diese letzten Minuten der Einsamkeit und die vollendeten Kurven meines Fahrrads auf dem gewundenen Weg zwischen den Rübenfeldern. Der frische Geruch von feuchter Erde und saftigem Gras trägt mich unwillkürlich weit fort von hier, in die Nähe von Narbonne. Ich bin vier oder fünf Jahre alt und liege in einem fremden Zimmer im Bett, die Augen weit aufgerissen. Es ist verboten, vor den Erwachsenen aufzustehen. Ich warte und betrachte die Risse in der Decke. Plötzlich höre ich, wie die Fenster des Hauses eines nach dem anderen geöffnet werden. Der offizielle Anbruch des neuen Tages. Ich springe aus dem Bett, stoße ebenfalls die Fensterläden auf und der grüne Geruch des Morgens kommt mir entgegen.

Ich brauche knapp zwanzig Minuten bis zum Bahnhof und steige dort um 5.48 Uhr in den Regionalzug. Ich lehne mein altes Peugeot-Rad gegen das Gepäckregal und setze mich auf einen der letzten freien Plätze ganz am Ende des Waggons. Von hier aus kann ich die anderen Fahrgäste auf ihren Sitzen dösen sehen. So dicht beieinander wirken sie wie kleine Kinder. Ich wünschte, der Zug würde lautlos in Rennes ankommen, damit sie noch ein bisschen schlafen können. Sie sehen so müde aus.

Ich war seit Jahren nicht mehr in dem verlassenen Haus in Saint-Vincent in den Corbières. Das letzte Mal lange bevor meine Großmutter gestorben ist.

Ich muss etwa zehn gewesen sein. Der alte Bäcker war gerade gestorben. Er war Belgier, aber die Einwohner von Saint-Vincent mochten ihn trotzdem. Viele kamen, um am Tag vor der Versteigerung des gesamten Besitzes sein Haus zu besichtigen. Möbel ohne Wert und ohne Charme. Die nichtssagende Einrichtung eines lebenslangen Junggesellen, wären da nicht die gut hundert Gemälde an den Wänden gewesen. Niemand hatte sie je gesehen. Der Bäcker hatte sein Leben lang heimlich gemalt. Alle gingen wir schweigend von einem Zimmer ins nächste. Wir besichtigten das Haus des Verstorbenen und zugleich sein Herz. Meine Großmutter blieb vor einem kleinen Bild stehen. Ich erinnere mich an einen Farbfleck zwischen Weinbergen.
Sie sagte: »Hast du gesehen? Das ist das Haus.« Sie schien tief bewegt. Ich konnte überhaupt nicht nachvollziehen, warum.

Ende März brauchte ich Geld. Nachdem ich bereits darauf verzichtet hatte, Abzüge machen zu lassen, konnte ich nun nicht einmal mehr das Entwickeln meiner Filme bezahlen. Die Rollen stapelten sich in einem Schuhkarton. Ich konnte mich kaum noch erinnern, welche Bilder zu den Daten gehörten, die ich auf die Plastikdöschen gekritzelt hatte. Manchmal halfen mir ein paar hastig hinzugefügte Wörter, mich besser zurechtzufinden. »Regen Baustelle«, »Parkplatz Super U«…
Ich gab kaum etwas aus, aber selbst das war zu viel. Für den Antrag auf staatliche Unterstützung musste ich einen Nachweis über meinen Wohnort erbringen. Aber ich wollte Olivier und Sylvie nicht schon wieder um Hilfe bitten. Ich war allein, ich musste niemandem Rechenschaft ablegen, aber ich konnte diese Freiheit nicht nutzen, wie ich wollte. Ich musste wenigstens ein bisschen Geld auftreiben. Ein notweniges Übel.

Ich wollte diesen Preis nicht zahlen. Mich nicht wieder in Zeitarbeitsfirmen kleinmachen. Irgendwelchen Blödsinn erzählen, damit sie mich nehmen, mich und niemand anderen, um am Fließband elektrische Geräte zusammenzubauen oder kilometerlange Flure in Bürogebäuden zu putzen. Und trotzdem tat ich es.

Irgendetwas hielt mich davon ab, die Spiegelreflex zu verkaufen und alles hinzuschmeißen. Ich war nicht bereit, mir ein für alle Mal einzugestehen, dass diese Fotos nichts brachten. Vielleicht auch aus Stolz. Oder ganz einfach, weil ich keine andere Perspektive hatte.

In Rennes angekommen, gehe ich vom Bahnhof in die Rue de Quineleu unweit des Gefängnisses. Der Rest ist ganz einfach. Man muss sich nur über die leergefegten Boulevards treiben lassen, hinunter zum Park, an der Steinmauer unter den Kastanien entlang, dann nach dem Stadion wieder bergauf. Auf dem Radweg folge ich der vierspurigen Straße und biege beim Einkaufszentrum rechts ab ins Gewerbegebiet. Ein paar vereinzelte Autos überholen mich. Sie fahren wie ich in den westlichen Teil der Stadt, den mit den Werkstätten, Lagern und Fabriken.

Ich fing im März an. Und sofort stellte sich wieder dieses quälende Gefühl der Sinnlosigkeit ein. Die Kontrollgänge der Schichtleiter. Die geisttötende Arbeit. Den kleinen Haken in die Kerbe, die Feder spannen, fixieren, fest draufdrücken, damit der Druckknopf einrastet, mindestens 150-mal die Stunde. In der Zeit, die mir neben der Arbeit noch blieb, schaffte ich es kaum, mich vom Tag zu erholen und für den nächsten zu wappnen. Als mein Vertrag auslief, ließ ich die lähmende, entseelte Arbeit leichten Herzens und mit genügend Geld hinter mir und fing wieder an zu fotografieren. Mein »Einsatz« hatte knapp zwei Monate gedauert. In dieser Zeit wagte ich es nicht, meine Kamera mitzubringen. Heute bereue ich das. Isabelle, die sich trotz des unförmigen Kittels und ihres krummen Rückens, den zwanzig Jahre Montage zerstört hatten, aufführte wie die Königin von Saba. Lionel, der ein paar Monate vor der Rente immer noch rot wurde, wenn man ihm defekte Teile zurückbrachte. Der Mann mit dem Schnurrbart, der montags immer die Lieferungen zustellte. Die Gesichter unter den Neonröhren, das Seufzen der Maschinen, der Geruch von Metall und heißem Schmiermittel, der Sandwichautomat mit den kleinen Drehständern, die Blicke, die von der großen Uhr in der Haupthalle magnetisch angezogen wurden. Das alles müsste man zeigen.

Ich fahre durch ein paar Kreisverkehre, vorbei an Sport- und Teppichgeschäften, Ofensetzern, Billigmatratzenläden, Spezialisten für Parkett und Wintergärten und einigen Elektro-Discountern. So viel langwierige, mühsame Arbeit, um am Ende ein Nichts zu schaffen. Auch Nachtclubs entstehen manchmal in diesen Randgebieten, zwischen Fast-Food- und einfachen Hotelketten. Fred verunglückte in einem solchen Niemandsland. Ich sehe diese Landschaft aus blinkenden Lagerhallen vorbeiziehen, wie Fred sie von der Rückbank des Autos gesehen haben muss. Aber in jener Nacht war sie vielleicht schöner, lebendig und fröhlich. Vielleicht hat er das hintere Autofenster im letzten Moment ein bisschen heruntergekurbelt, um wieder nüchtern zu werden. Schloss die Augen, um die feuchte Morgenluft besser zu spüren. Vielleicht war es schön, kurz davor.

Ich fahre an den Schienen entlang, als mir die ersten Lastwagen von der Verbrennungsanlage entgegenkommen. Mein Weg führt vorbei am Landfahrerplatz und schließlich gleite ich hinüber ins Reich der Frühschichtarbeiter. Der Himmel hat dieses intensive Blau, das einen glauben lässt, noch sei alles möglich. Selbst die Gebäude wirken nicht mehr ganz so hässlich. In einigen Büros der SOBECO brennt noch Licht. Die Lagerhalle von Guichard Tiefbau ist schon offen. Bei Morel in dem blauen Blechgebäude wird rund um die Uhr gearbeitet, Tag und Nacht. Ich sehe die Einfahrt zum Parkplatz der Tischlereien von Breizh-Bay, zwischen der Konservenfabrik Pervel und den Produktionshallen von Protelec.
Breizh-Bay stellt maßgefertigte Glasfronten her. Der Markt ist nicht sehr groß. Angeblich hätten schon längst Leute gehen müssen. Und dann verlor die Firma einen Großkunden. Einen Auftrag für Außenarbeiten an einem Flughafen bei Besançon oder Montbéliard, irgendwo dort in der Ecke. Das Flughafenprojekt war auf Eis gelegt worden. Geschäft geplatzt. Bestellung storniert. Die Zeitarbeiter wurden Mitte Mai entlassen. Genau dann, als auch mein »Einsatz« bei Protelec endete. Die Firma nebenan. Offiziell keine große Sache, Breizh-Bay war nicht in Gefahr.

Die Leitung musste nur »die Belegschaft an die veränderte Produktionslage anpassen«, und der Wegfall der Zeitarbeiter entsprach dieser Notwendigkeit.
An meinem letzten Arbeitstag kam ich am frühen Nachmittag aus der Fabrik, kurz nachdem die zweite Schicht eingetroffen war. Während ich mein Rad holte, hörte ich von Weitem die ersten Rufe, ohne groß darauf zu achten. Ich fuhr ums Lager herum zur Straße. Der Lärm nahm zu. Auf dem Parkplatz vor den Produktionshallen hatten sich gut hundert Arbeiter von Breizh-Bay zu einer spontanen Demonstration versammelt. Männer im Blaumann, Frauen im Kittel, Armbinden von der Gewerkschaft, angespannte Gesichter, nervös gerauchte Zigaretten. Ein paar Schreie, gedämpftes Stimmengewirr von vereinzelten Grüppchen. Ich blieb stehen, ohne recht zu wissen, warum. Und dann traf ich Edith zum ersten Mal, mitsamt ihrer Wut. Wir hatten uns zwar vorher schon öfter gesehen, morgens, zu Schichtbeginn, aber immer nur von Weitem gegrüßt, mehr nicht.

Es kam unerwartet, dieses Gespräch auf dem Parkplatz. Breizh-Bay steckte seit Jahren in Schwierigkeiten. Der Stopp des Flughafenprojekts hatte dem Unternehmen den Gnadenstoß versetzt und massive Entlassungen waren zu befürchten, auch wenn die Leitung dies abstritt. Niemand wusste, was davon zu halten war. Edith erzählte mir die Geschichte. In den Gesichtern der Leute sah ich die Häuser, die abzuzahlen waren, die Autokredite, die hungrigen Bäuche, die zu füllenden Einkaufswagen. Ich blieb den ganzen Nachmittag bei ihnen, bis sie wieder an die Arbeit gingen, aus Angst, sie würden sie ganz verlieren. Ich fahre über die Bodenschwellen. Edith wartet vor der Produktionshalle auf mich und gibt mir mit der Hand ein Zeichen. Hinter ihr, etwas abseits, steht eine kleine Gruppe von Arbeitern. Ich erkenne einige Gesichter von der Demo wieder. Sie sehen mich ein wenig misstrauisch an. Ich kann sie verstehen. Sie wissen nicht, wie es weitergeht. Ich auch nicht. Das haben wir gemeinsam. Ich bin da, um Fotos zu machen, und sie, um in den Kampf zu ziehen. Eine authentische Situation. Komischerweise fühle ich mich wohl darin, am richtigen Platz, wie schon lange nicht mehr. Ich würde die Arbeiter gern genau so zeigen, wie ich sie sehe.

Sie sind weder echter noch schöner als die anderen. Aber sie wirken auf mich, als wären sie mit einer besonderen Würde gewappnet. Der Würde eines Menschen, der ums Überleben kämpft und dafür seine ganze Kraft einsetzt. Sie können fallen, jeden Augenblick. Das wissen sie. In diesem Kampf, sich zu behaupten, liegt eine gewisse Schönheit.

Ich sage mir jeden Tag, dass es ein bisschen zu spät ist. Ich kann diese zehn Jahre nicht mehr aufholen, die ich damit vergeudet habe, nichts zu lernen, nichts zu verstehen. Ich werde nie Gene Kelly, Pollock, Virginia Woolf oder Chris Killip sein. Ich bin kein Genie. Ich bin nicht dafür geschaffen. Das ist schmerzhaft. Früher habe ich irgendwie noch daran geglaubt. Ich habe mir insgeheim Illusionen gemacht, in dem Alter, da man noch so tun kann, als vertraue man auf sein Talent, in dem man hofft, es würde sich Stück für Stück vor einem entfalten. Daran denke ich jetzt und komme ins Grübeln. Ich weiß, dass es zwecklos ist.
Ich muss mein Ego zurücknehmen. Darf mich nicht mehr von etwas beherrschen lassen, was ich nicht bin.
Ich stoße jeden Tag gegen die unerträgliche Mauer meiner Grenzen, und ich mache trotzdem weiter.

Wie auf dem Fahrrad.

Wenn ich aufhöre zu treten, falle ich.

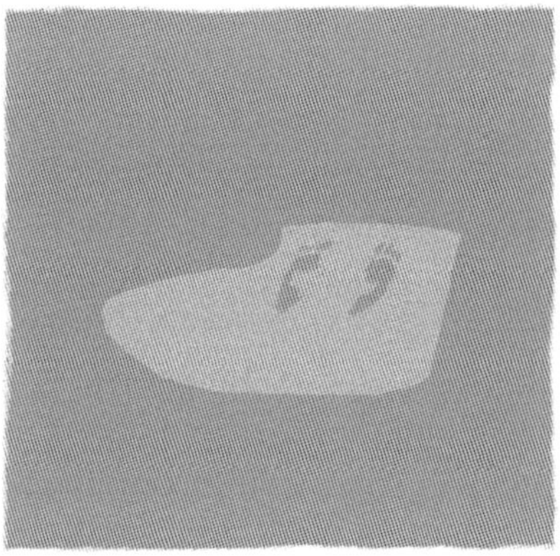

# Sommer

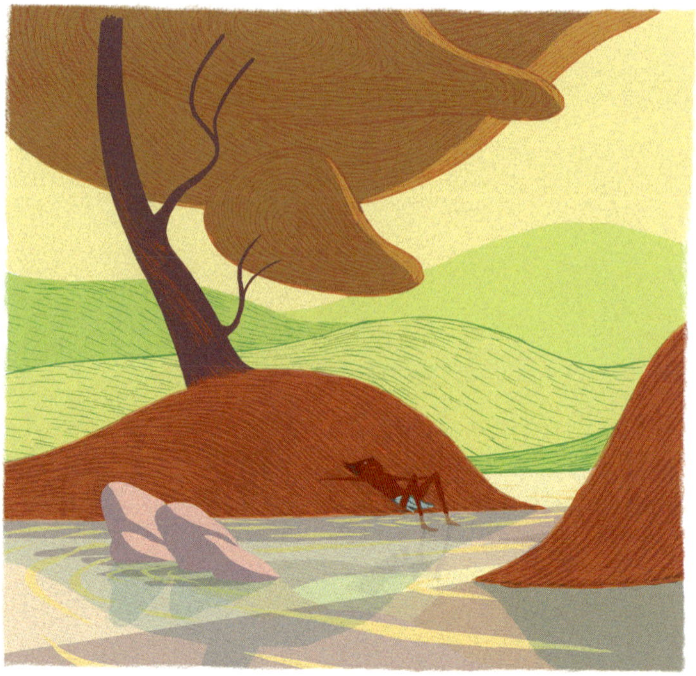

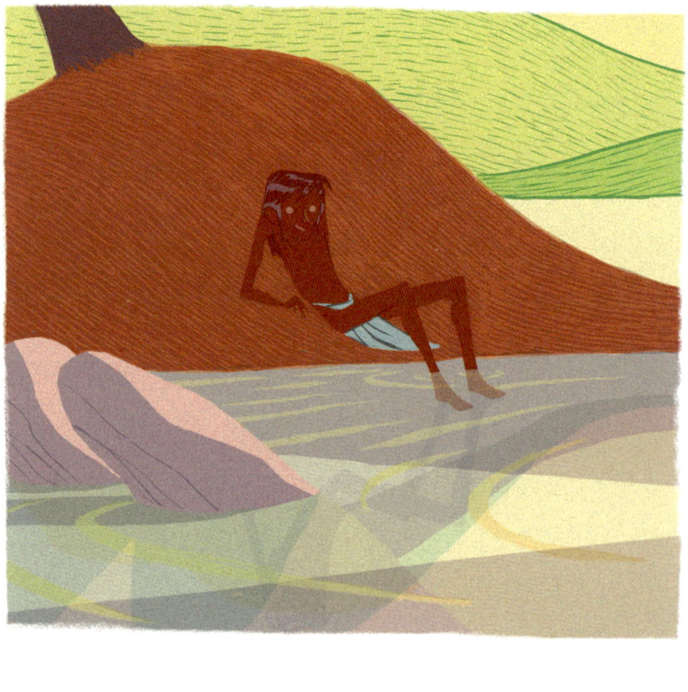

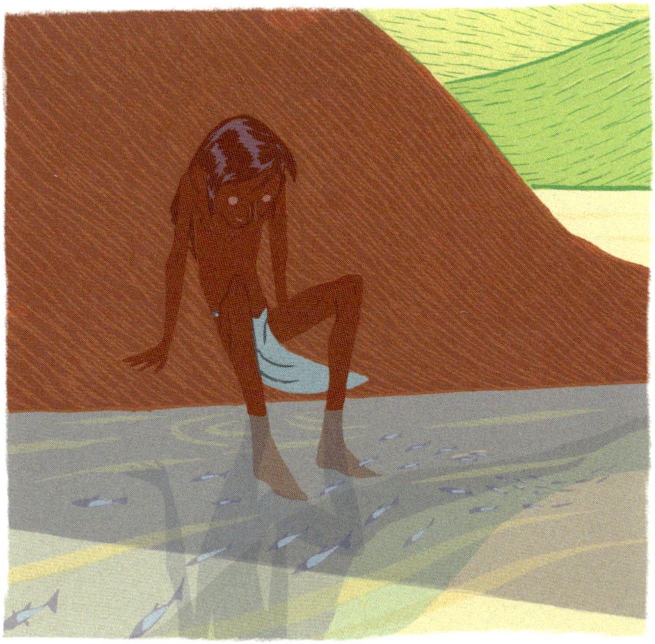

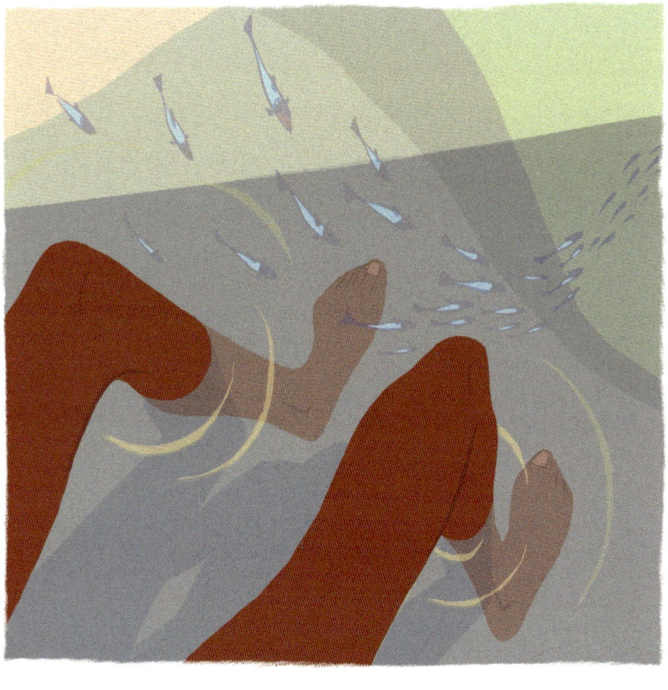

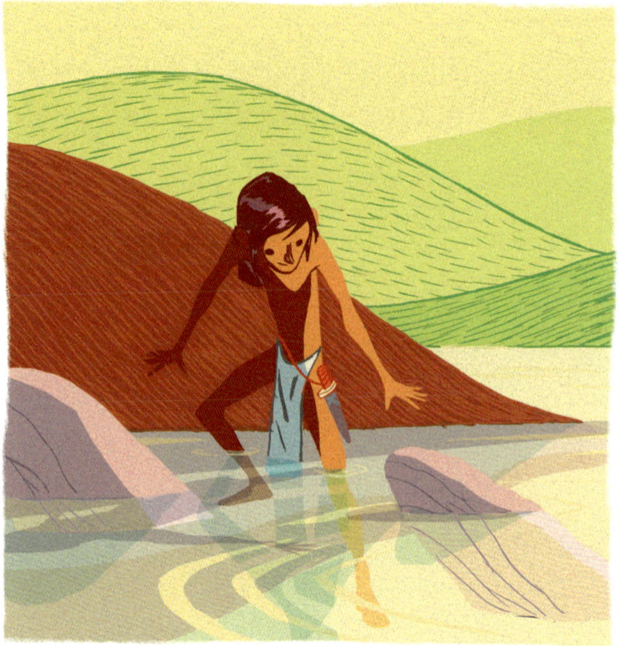

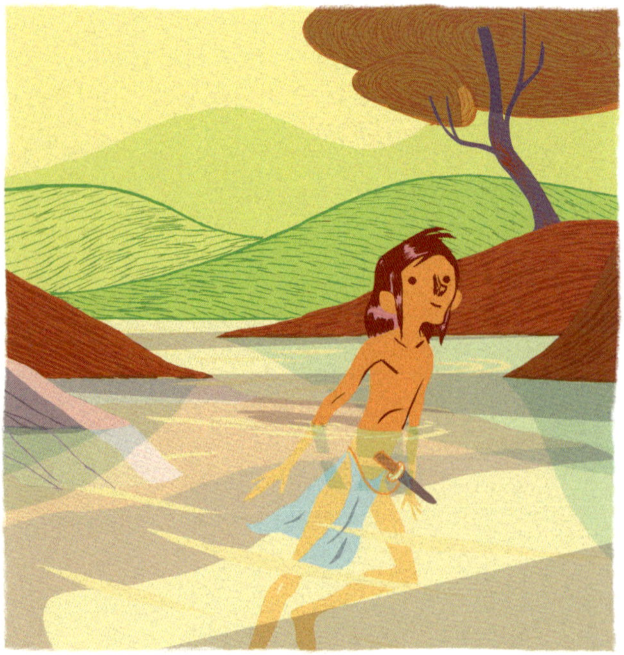

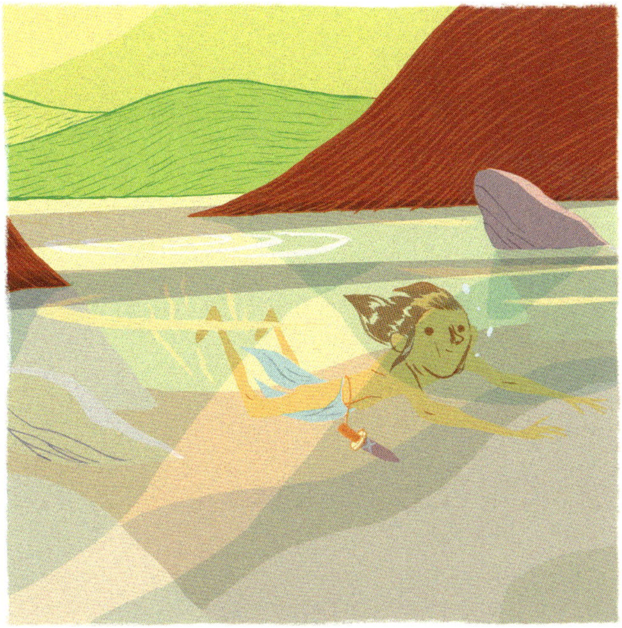

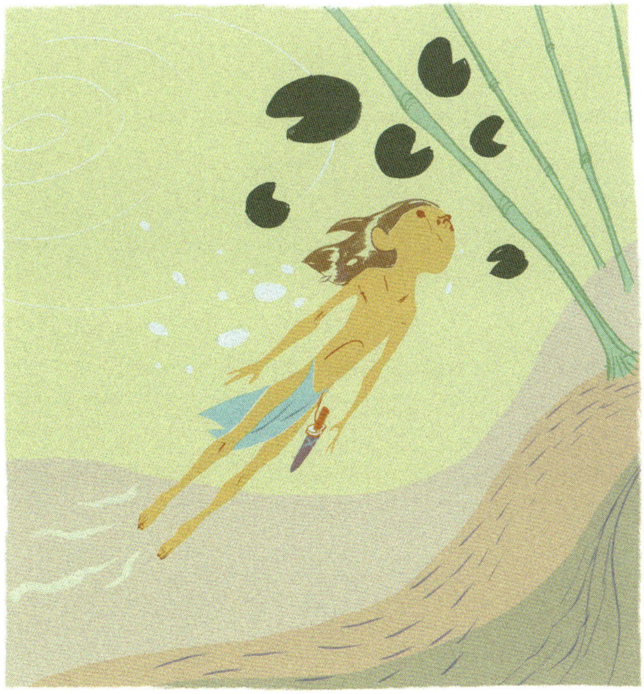

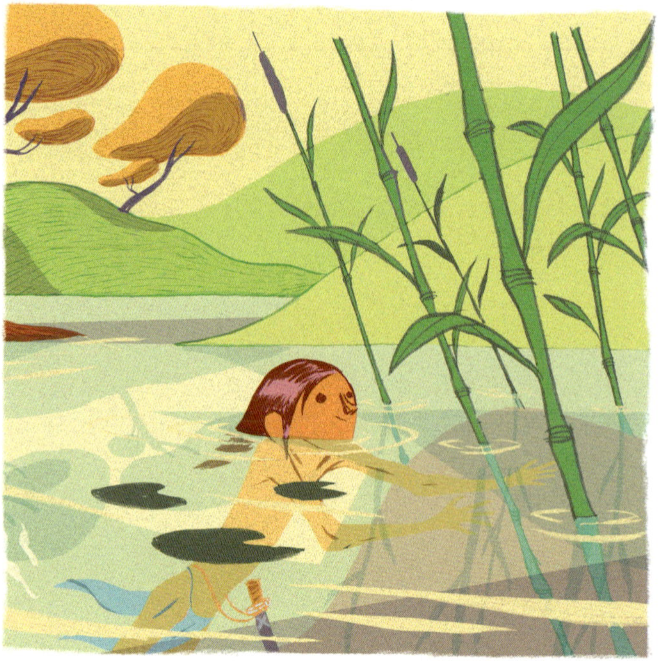

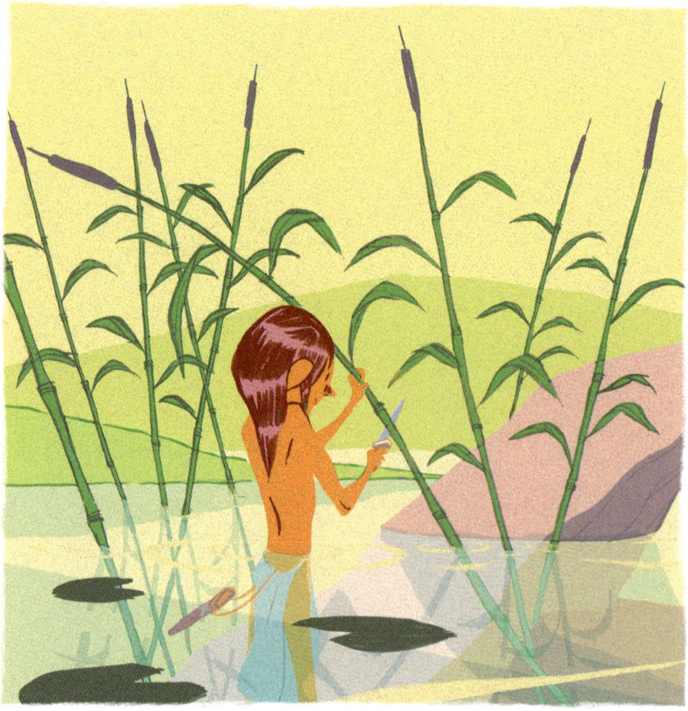

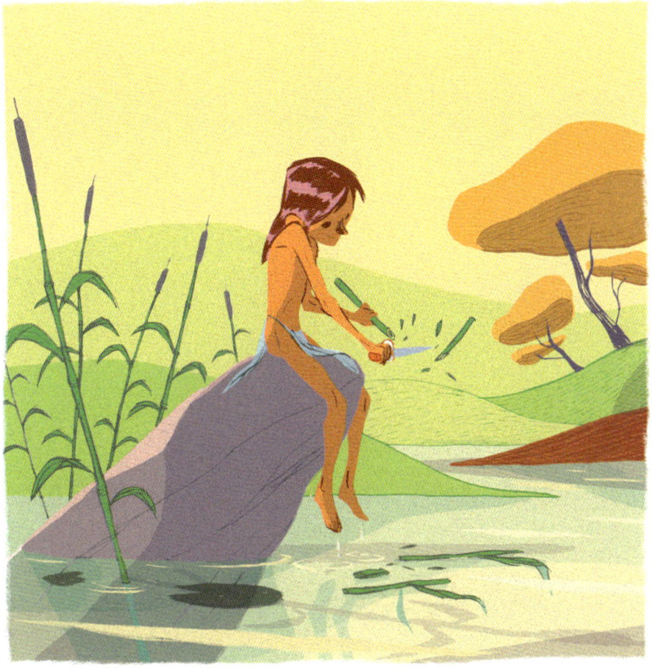

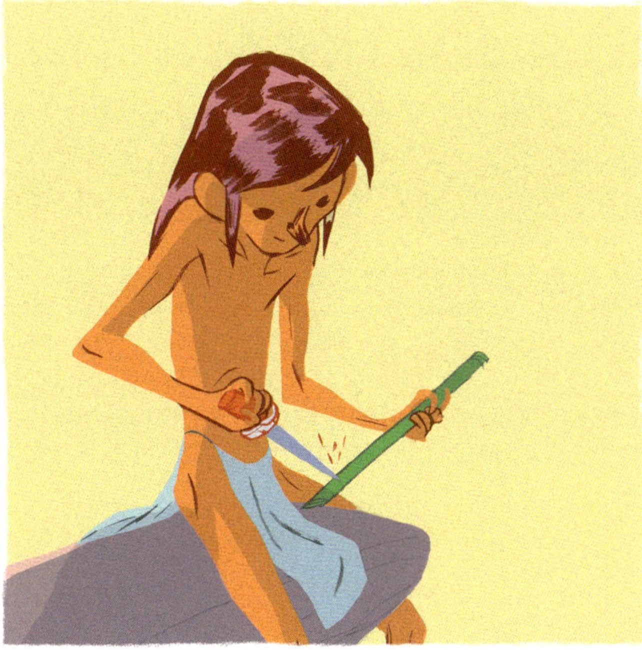

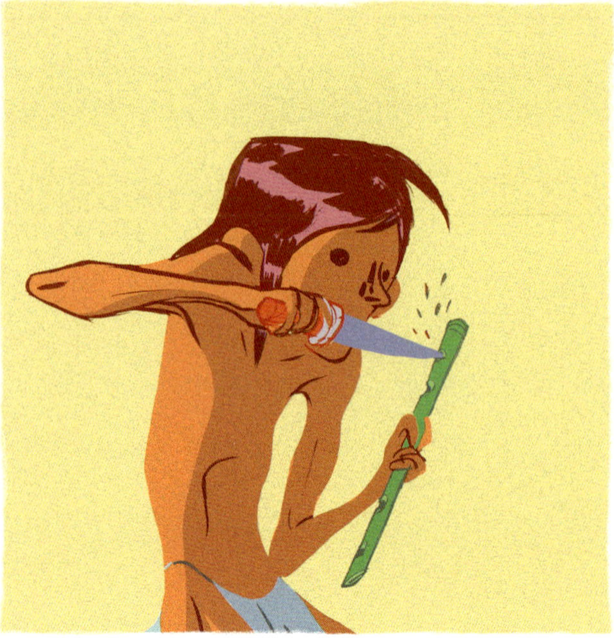

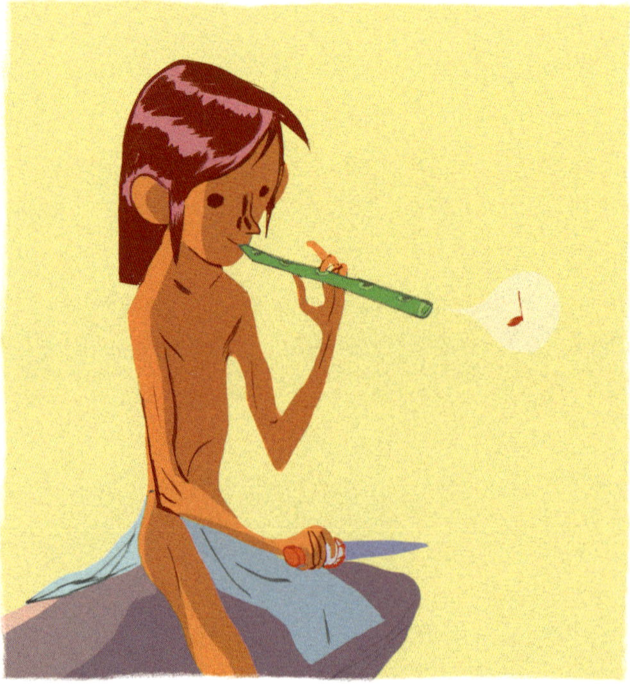

271

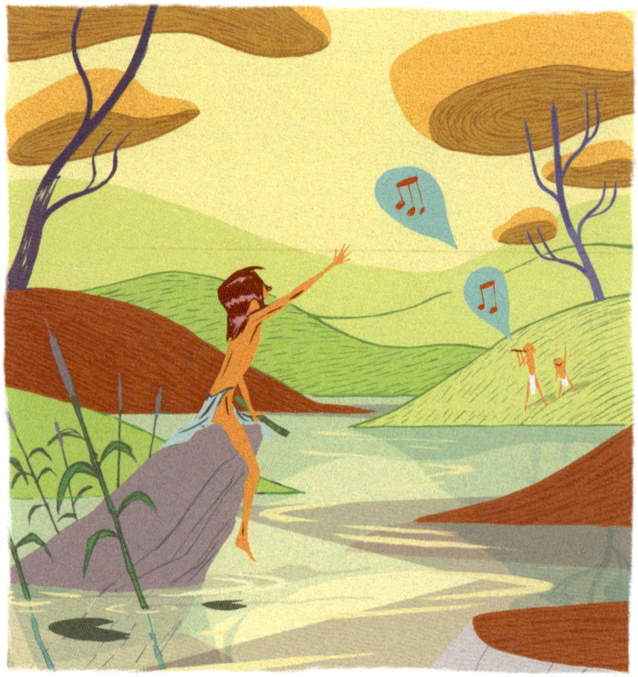

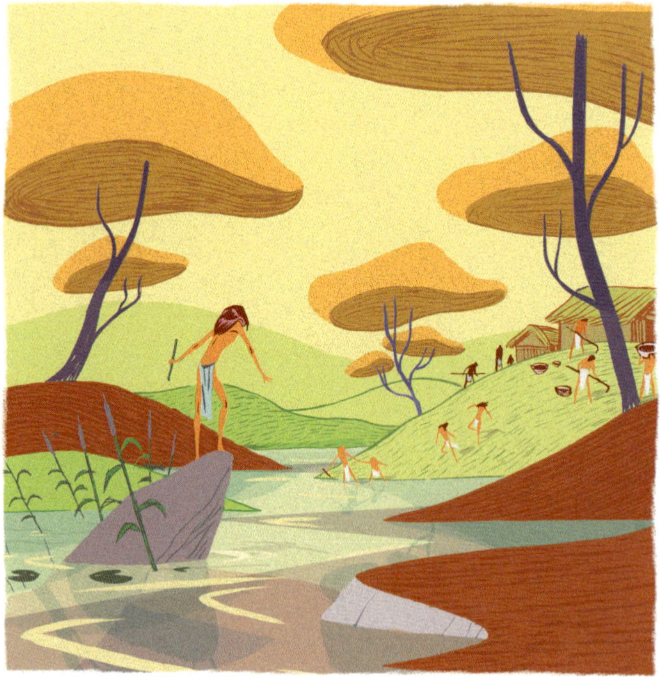

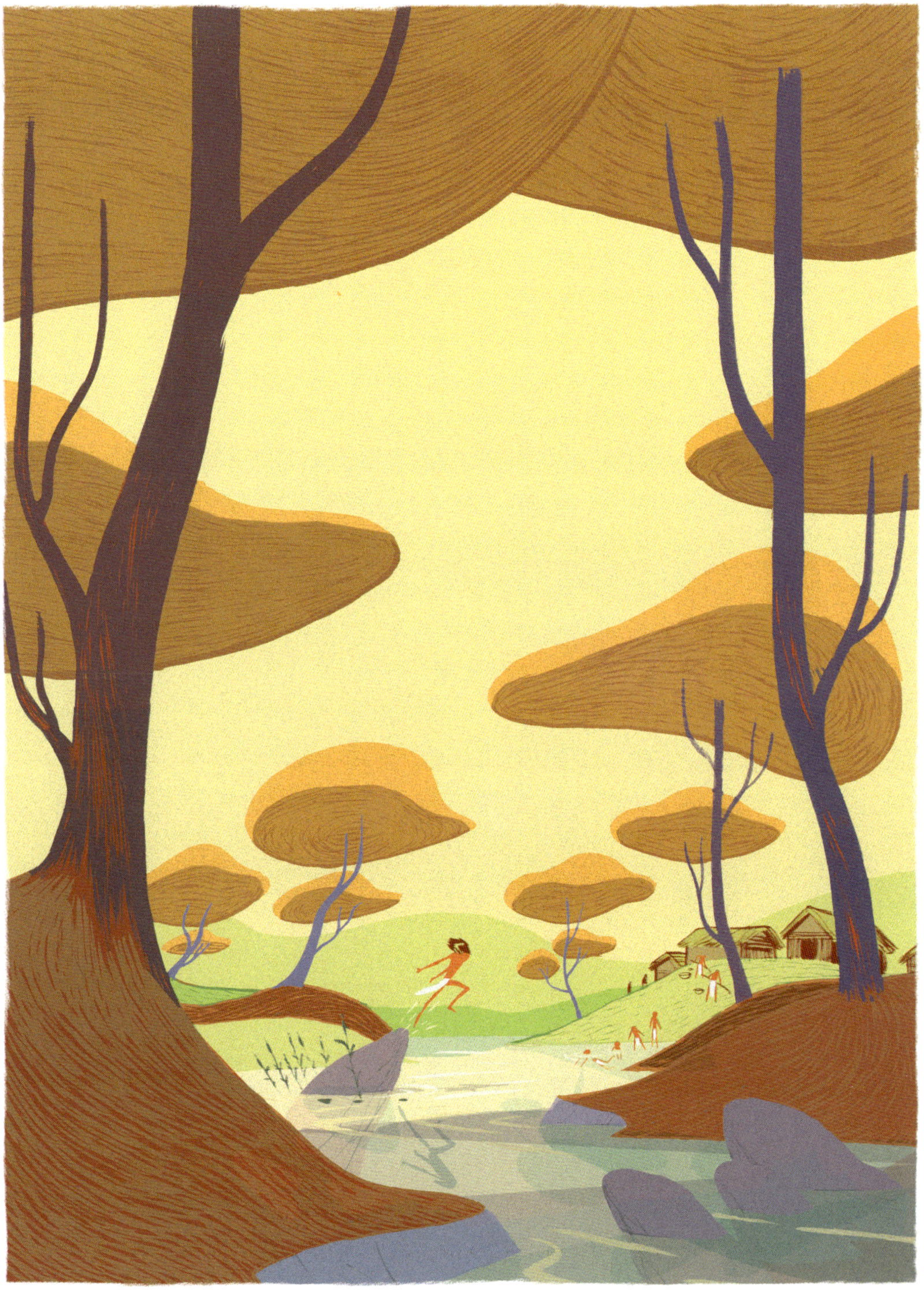

Bitte sehr, Mademoiselle!
Ein Pfund davon bitte...
Eine Dorade, die da, ja!
Wir gönnen uns was!!
Das macht drei Euro!
Zwei Schalen für fünf Euro!
POISSON

Aus Rohmilch...
Drei Avocados für zwei Euro!!
Drei für zwei Euro!
Das beste obst!
Gibt's hier!
Saveur
Wie sind denn Ihre Aprikosen?
les jardins Bio
GERIE
et fils
...gegen die Entlassungen.
Breizh-Ba
Wo soll ich?
Hier...
Einfach in der rechten Spalte.
Breiz
Arbeits-plätze retten!
Danke für Ihre Unterstützung!
Viel Erfolg!
Arbeits-plätze retten
SPENDEN
Hallo Camille!!
Siehst du?
Wir starten durch!
Ähm...
Ja, das seh ich...

Schau mal!!
Schon 132 Unterschriften!
Wow!
Nicht schlecht!
Ich dreh erst mal 'ne Runde, bevor ich anfange zu fotografieren...
Kann ich mein Rad hier ir-gendwo lassen?
Ja, na klar!
Stell es doch hinter den Stand.
Der komplette Erlös geht an die Angestellten!
Gut, dann nehm ich gleich zwei Flaschen...
Edith!
Hast du 'nen Edding?
Ja, in meiner Tasche...
Kommst du morgen zur Präfektur?
Ich weiß nicht, mein Sohn hat ein Spiel...
Mensch, Bernard!
Du musst doch bei der Demo dabei sein!
Incenerite spoglie
avara Tomba

Frische, junge Möhren!
Drei Euro das Bund!
il Tormentato
glau…
…co!
…Erdbeeren aus Plougastel…
le Fournil
klatsch klatsch
Pardon…
Pardon…
Entschuldigung…
klatsch klatsch
Vielen Dank!
Und nun hören Sie ein englisches Madrigal aus dem 17. Jahrhundert.
Die Tenöre…
Soll ich euch noch mal euren Ton geben?
Ja, bitte…

Gleich landet die Schokolade auf dem Ärmel, garantiert.

Die erste Strophe beginnt mit einem schwierigen E.

Ein bisschen zu hoch für seine Stimmlage.

Das kleine Mädchen in der ersten Reihe lässt sich seine Waffel schmecken.

Er stimmt den Ton eine Idee zu spät an und verkrampft augenblicklich.

Er singt in sich hinein, mit zugeschnürter Kehle.

Einmal pro Woche geht er in die Maurice-Massé-Halle, eine Mehrzweckhalle. Zwischen Gymnastikmatten und Kinderzeichnungen singen sie Stücke aus der Renaissance. Bis auf ein paar Proben im Winter nach seinem Surfunfall an der Küste von Le Carré hat er kein einziges Mal gefehlt. Er hatte noch nie zuvor gesungen, hatte sich nie getraut. Aber nun nimmt er jeden Dienstagabend seinen Platz im Chor ein. Am meisten überraschte ihn, wie stark der Körper daran beteiligt ist, die Stimme zu tragen. Die Stimme als Verlängerung seiner selbst. Manchmal schafft er es. Dann hat er den Eindruck, er wäre ganz in diesem Ton, der vor ihm entsteht. Als würde er darin verschwinden.

Er wirft einen flüchtigen Blick auf seine Noten.
»John Wilbye, 1574–1638«.
Ein Menschenleben, zusammengefasst in ein paar Zeichen. John Wilbyes Freud und Leid, seine Passionen, seine Sehnsüchte bleiben für immer in seiner eleganten, leichten Musik verschlossen. Wenn es ihm doch nur gelänge, dieses Geheimnis zu singen, um es zum Leben zu erwecken, aber dazu fühlt er sich nicht imstande.
Er ist unsicher, weil ihm die Situation so lächerlich vorkommt. Trotz der Begeisterung und Motivation der anderen Sänger ist ihm nicht klar, wie ein schlecht gesungener John Wilbye dazu beitragen soll, die Arbeitsplätze in der Firma Breizh-Bay zu retten. Vor ihm essen Leute Waffeln. Andere rufen Parolen oder kaufen Kartoffeln. Er singt zum ersten Mal vor Publikum, und es wäre wohl am besten, er würde es nie wieder tun. Endlich beginnt der Refrain. Zuerst die beiden Altstimmen, dann die Soprane. Er holt Luft und versucht sich trotz allem zu entspannen, formt den Ton im Kopf, öffnet den Mund, sucht die Resonanz im Gaumen und singt.
Ein G. Über das a-Moll der Frauenstimmen. Einen ganzen Takt lang halten sie den Akkord.
Seine Kehle öffnet sich. Der Klang durchdringt ihn von Kopf bis Fuß, durchdringt sie alle. Niemand schwankt, niemand verstummt. Dabei werden sie eins. Die Summe ihrer vereinten Stimmen. Ein komplexer Ton, gefärbt von hohen Obertönen, die auftauchen und wieder verschwinden. Ein Ton, der sie verbindet und sie über sich hinaus trägt.

Ein Luftzug lässt die T-Shirts an den Klamottenständen tanzen.

Das kleine Mädchen weint, seine Eltern schimpfen wegen der Schokolade.
Drei Männer unterhalten sich laut an der Theke des Getränkewagens.

Aber das ist alles nicht mehr wichtig.

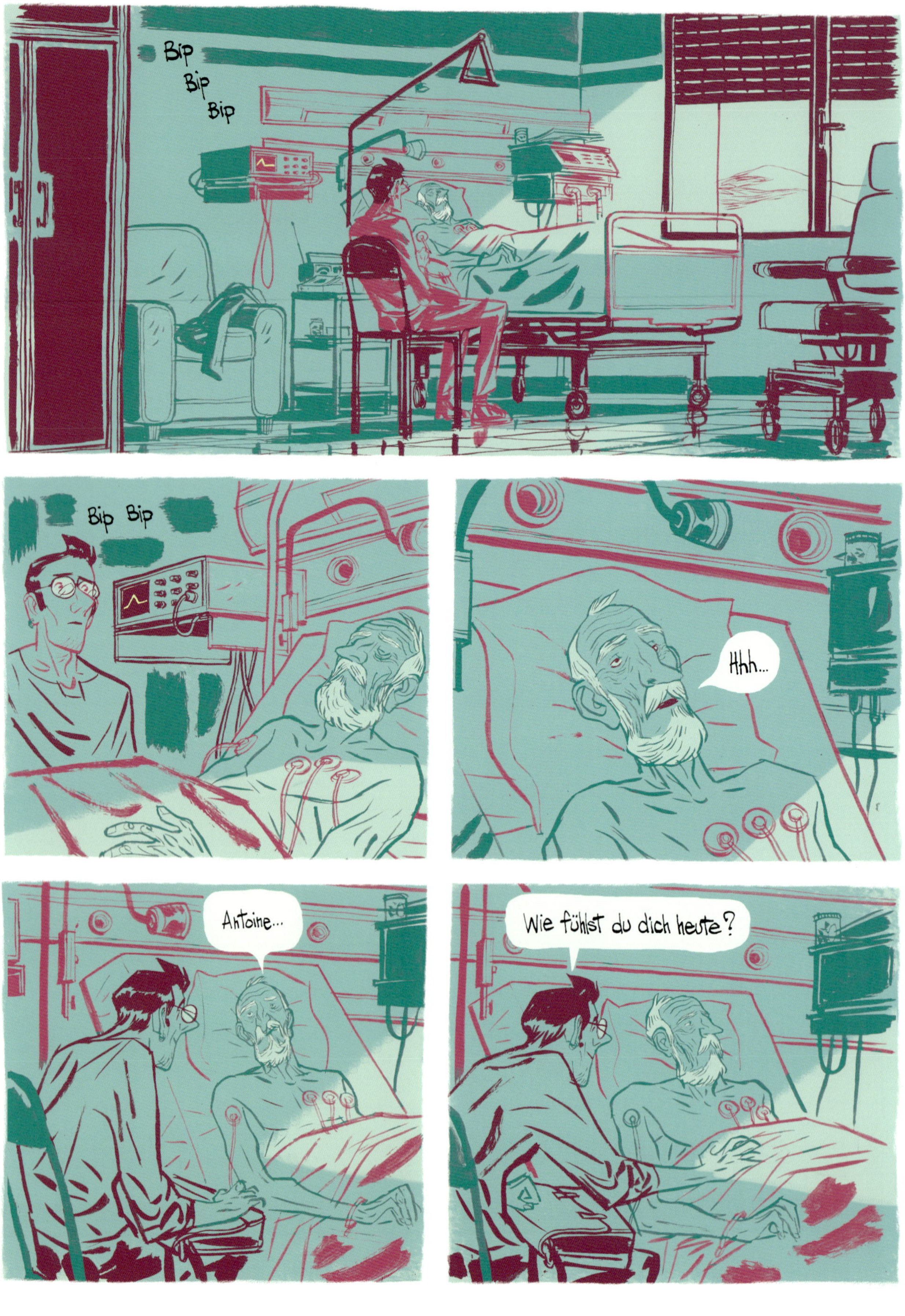
Bip
Bip
Bip
Bip Bip
Hhh...
Antoine...
Wie fühlst du dich heute?

Kannst du die Rollläden runter-lassen?
Es ist zu hell hier.
Ja...
Bip Bip
Ja, natürlich...
Bip Bip
ZZZZ
Danke...
ZZZ
Bip Bip
Tut's weh?
Es geht.

| | |
|---|---|
| Ähm... | Die Suiten für Violoncello... |
| Ich hab dir die CDs mitgebracht, die du haben wolltest. | Hab ich hier... Willst du sie hören? |
| Nein... | Behalt sie... |
| Die sind für dich. | Okay. |
| | Danke. |
| | Warum haben sie mich reanimiert? |

Sie hätten mich gehen lassen sollen.

Sag so was nicht...

Du verstehst das nicht.

Es ging mir gut.

Ich war bereit.

Ich möchte, dass du etwas für mich erledigst.

Was denn?

— Im Wohzimmer...
— AU!
— ...hängt ein Bild über dem Kamin.
— Eine Landschaft in den Corbières.
— Und da liegt ein Umschlag.
— Auf dem Tisch.

— Ich möchte, dass du das Bild verpackst.
— Und den Umschlag.
— Und beides an diese Adresse schickst.

— Zu Händen von Catherine.

— Ich hab vielleicht keine Zeit mehr dazu...
— Hör auf mit dem Unsinn...

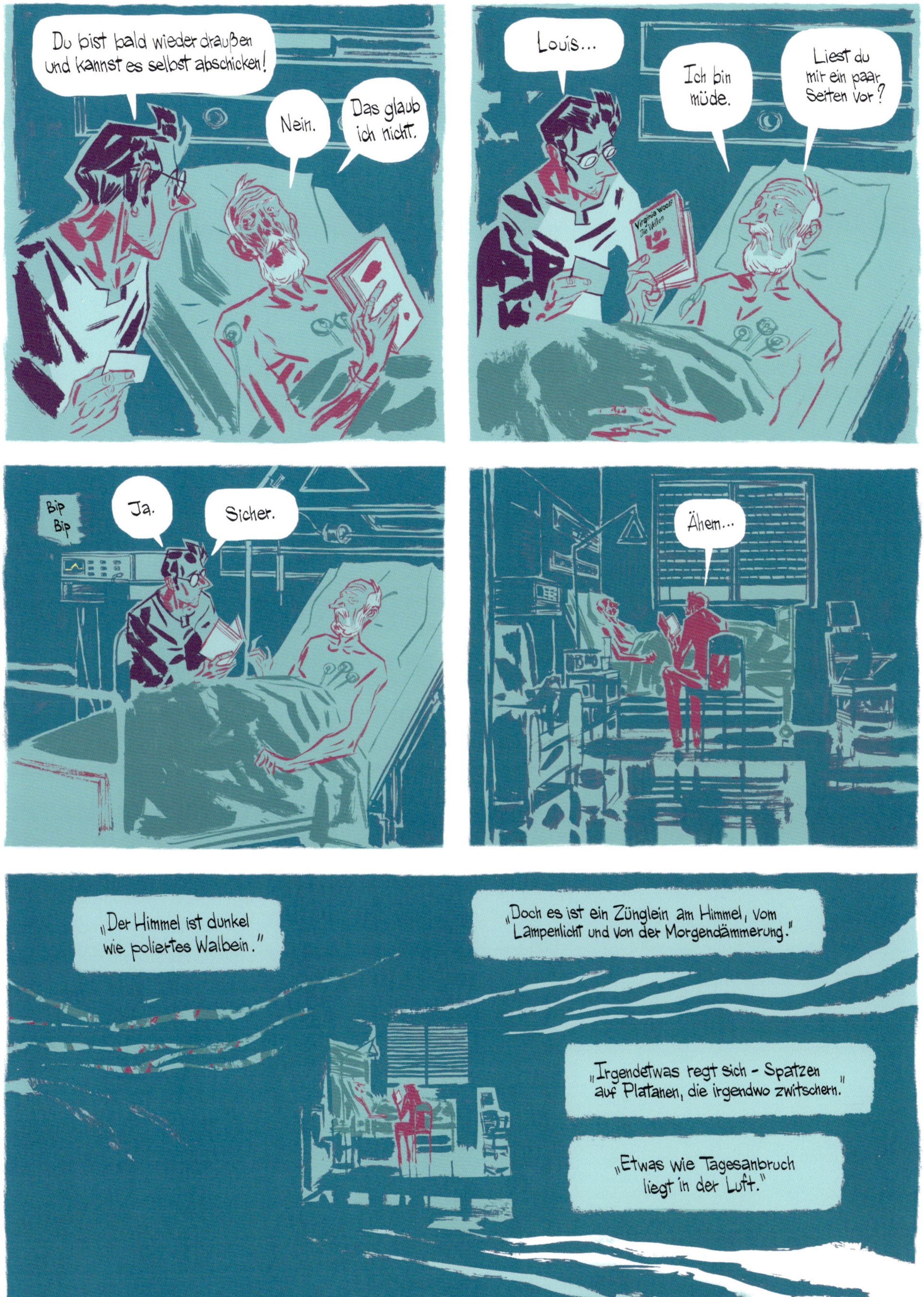
Du bist bald wieder draußen und kannst es selbst abschicken!
Nein.
Das glaub ich nicht.
Louis...
Ich bin müde.
Liest du mir ein paar Seiten vor?
Virginia Woolf Die Wellen
Bip Bip
Ja.
Sicher.
Ähem...
„Der Himmel ist dunkel wie poliertes Walbein."
„Doch es ist ein Zünglein am Himmel, vom Lampenlicht und von der Morgendämmerung."
„Irgendetwas regt sich - Spatzen auf Platanen, die irgendwo zwitschern."
„Etwas wie Tagesanbruch liegt in der Luft."

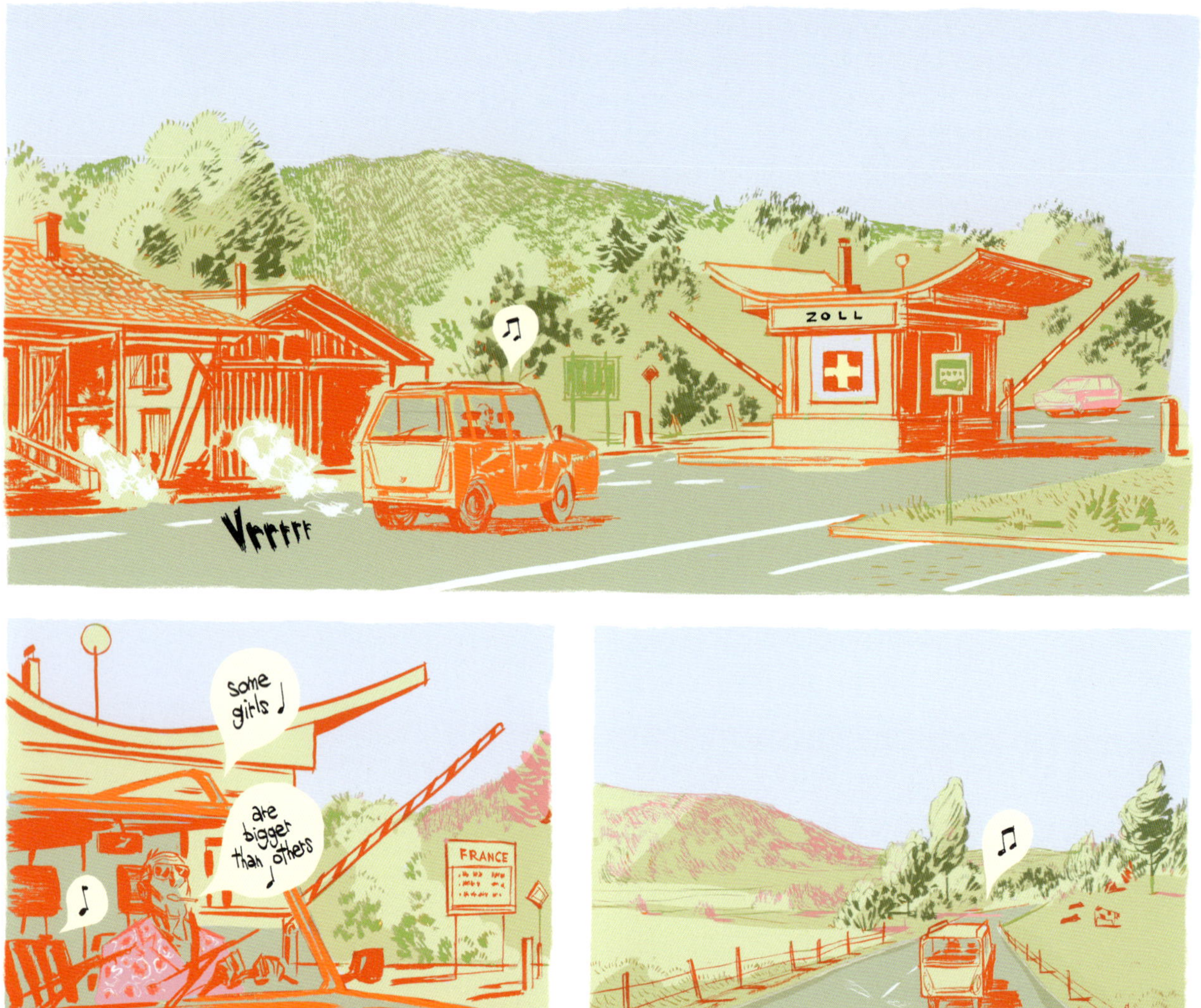
ZOLL
Vrrrrr
some girls
are bigger than others
FRANCE

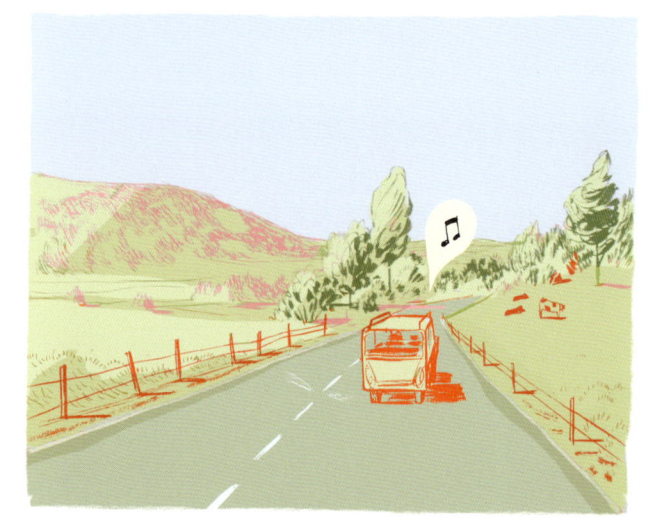

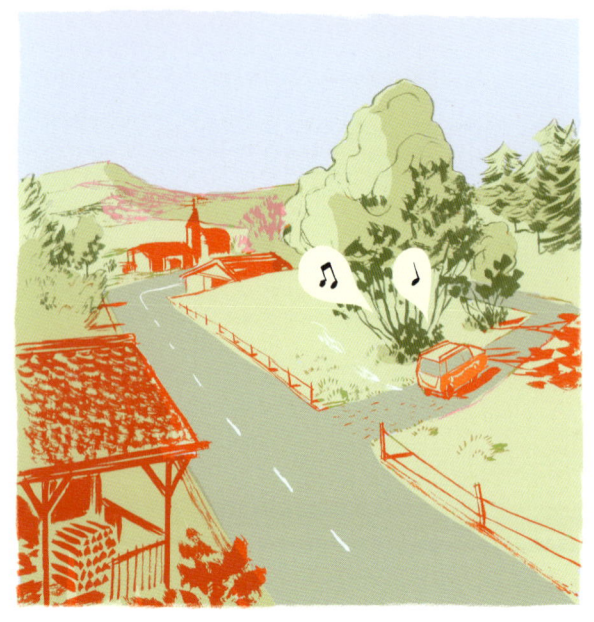

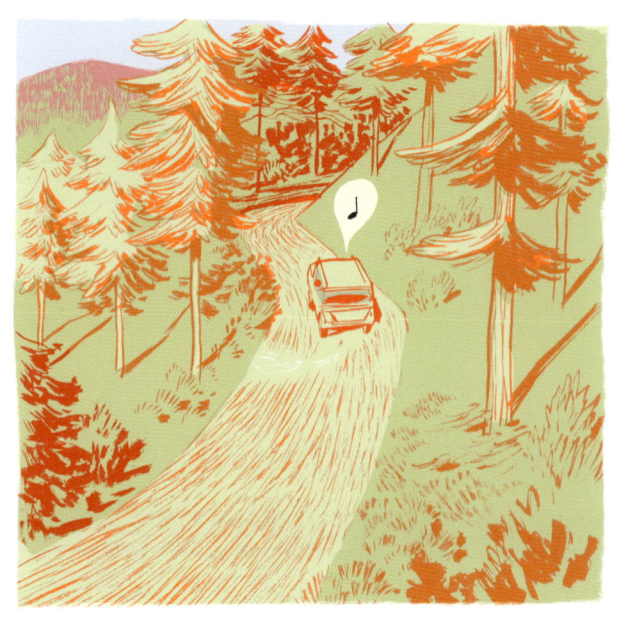

ding dong ding

Wow... Schickes Hemd.

Hallo, du Spinner!

Hallo Vincent!

**Panel 1:**
Und? / Wie ist das Ferienlager?

**Panel 2:**
Was macht ihr den ganzen Tag? / Willst du das wirklich wissen?

**Panel 3:**
Haha! / Nein. / Dachte ich mir schon... / Dafür klau ich dir 'ne Kippe!

**Panel 4:**
Hhh... / Mann, tut das gut... / Klick / Und, wie lange hast du Ausgang?

**Panel 5:**
Bis Freitag! / Ah, das ist *cool*!! / Dann können wir uns ja Zeit lassen.

**Panel 6:**
Was machst du danach? Fährst du mit Pauline in Urlaub? / Nein. / Dieses Jahr verbringt sie den ganzen Sommer mit ihrer Mutter.

**Panel 1:**
- Ach ja?
- Mhm.

**Panel 2:**
- Ich glaube, im Moment braucht sie Christine.
- Stört dich das?

**Panel 3:**
- Ein bisschen...
- Aber, na ja...
- Ich versteh sie.
- Ich kann ja auch nerven.

**Panel 4:**
- Aber sonst geht's ihr gut?
- Ja...
- Angeblich hat sie einen Freund!

**Panel 5:**
- Ach, wie schön!

**Panel 6:**
- Ja!

Panel 2: hhh   hh

Panel 3: Ich glaube, ich könnte mein ganzes Leben so verbringen...
hhh

Panel 4: hhh   Ach ja?
hhh
Herumkraxeln und schwitzen wie ein Schwein?

Panel 5: Nein...   Ganz allein...   Im Wald...   Ohne alles und jeden.

hhh
Wenn deine zukünftigen Schäfchen das hören könnten, würden sie sich freuen...
hhh
...wie viel Wert du auf sie legst!
Ach, leck mich.
Haha!
hhh
Scheiße!
Ich kann nicht mehr ...
Warte...
hhh
hhh
Hier...
Trink 'hen Schluck!
Danke.
Gut, also...
Was sagt der Plan?
Ist es noch weit?

**Panel 1:**
— Wir müssen noch drei, vier Kilometer weiter rauf.
— Dann geht ein kleiner Weg links ab, den müssen wir lang.
— Und dann?
*klick*

**Panel 2:**
— Dann erst mal immer der Nase nach...
— Und ungefähr hier dann quer übers Plateau. Die Hütte ist direkt darunter.
— „Der Nase nach"?

**Panel 3:**
— Gott ist bei uns.

**Panel 4:**
— Na ja...
— Bei dir vielleicht.
— Wenn überhaupt...

**Panel 5:**
— Halt die Klappe und komm!
— Ungläubiger!

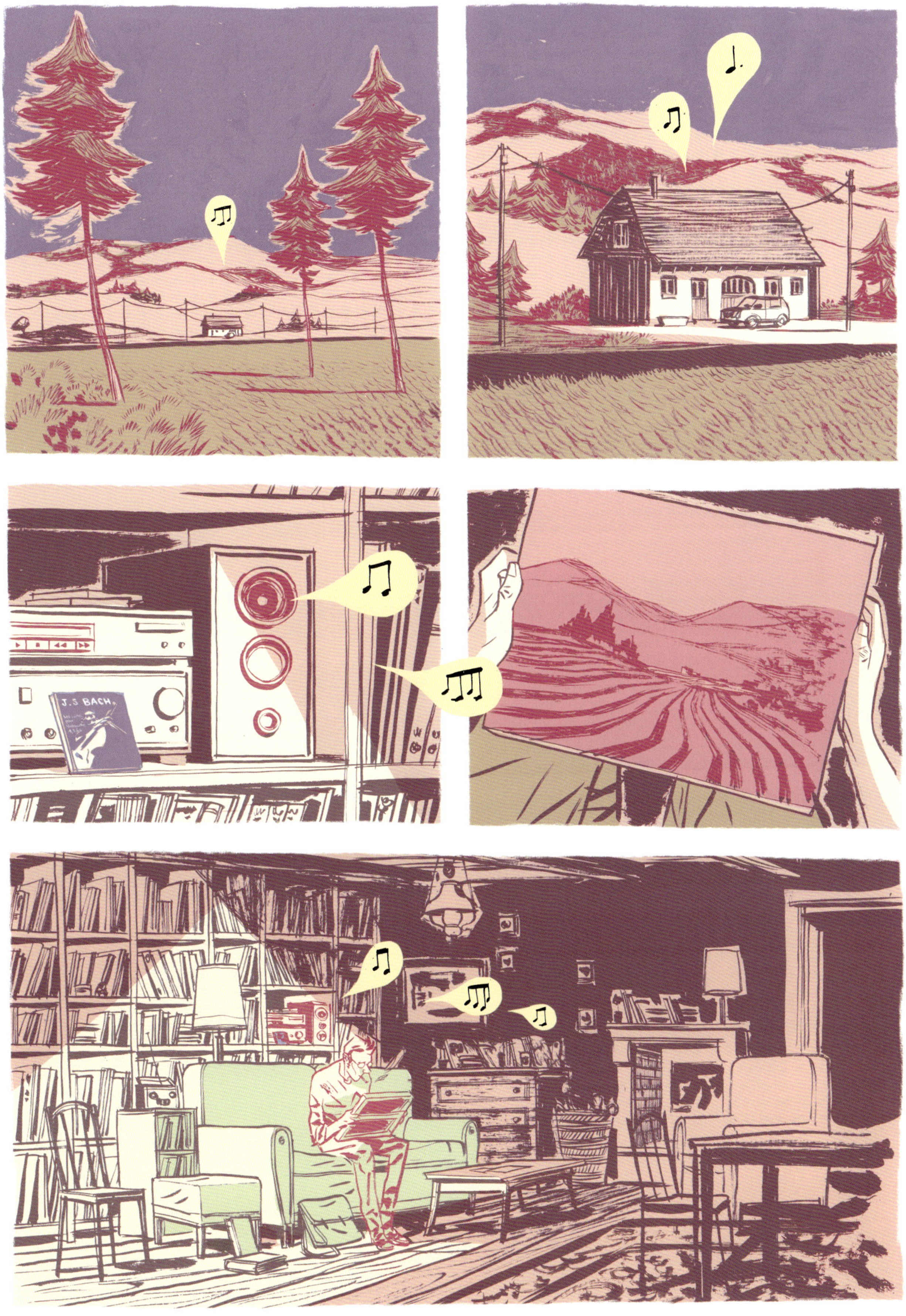
J.S BACH

hhh
klick
Isst du dein Sandwich nicht?
Nein, nimm ruhig ...
Krnsch
ffff
krnsch
Krnsch
Krnsch
Was ist?

— Gibt's im Kloster nichts zu essen?
— Sieht aus, als hättest du drei Wochen nichts gekriegt...
— Doch... Brot, Wasser und die Evangelien.

— Großartig...
— Und das tut dir gut?

— Mm... Ja. Glaub schon.
Klick

— Mir gehen die ganze Zeit tausend Fragen durch den Kopf.

— Anfang September soll ich schon in Mouthe anfangen.
— Du klingst ja begeistert...

Na ja. …
Ich weiß nicht.
Aber vielleicht sind die ganzen Zweifel auch nicht schlecht.
Wieso denn?
So entsteht ein Ungleichgewicht…
Tja, weißt du …
… das einen in Bewegung bringt.
Vielleicht ist das sogar notwendig.
Hm.
Ich glaub, ich hätte trotzdem lieber ein paar Gewissheiten.
Ab und zu jedenfalls.

Schläfst du nicht?

Nein.

Mir ist zu heiß.

Mir auch.

Wir hätten draußen schlafen sollen.

Ja.

fff

fff

Manchmal...

...wenn ich mich besonders verloren fühle...

...beneide ich dich fast ein bisschen.

Haha!!

Warum?

**Panel 1:** Ist bestimmt schön, an etwas zu glauben.

**Panel 2:** Ich sehe, dass es dir ein Ziel gibt, eine Richtung... Oder? Ja... Kann man so sagen.

**Panel 3:** Ich weiß nicht, wie du das machst. Dass du die Welt verbessern willst. Es kommt mir vor, als wenn man...

**Panel 4:** ...den Lauf eines Flusses ändern will... ...indem man einzelne Sandkörner reinwirft. So siehst du das??

**Panel 5:** Ja.

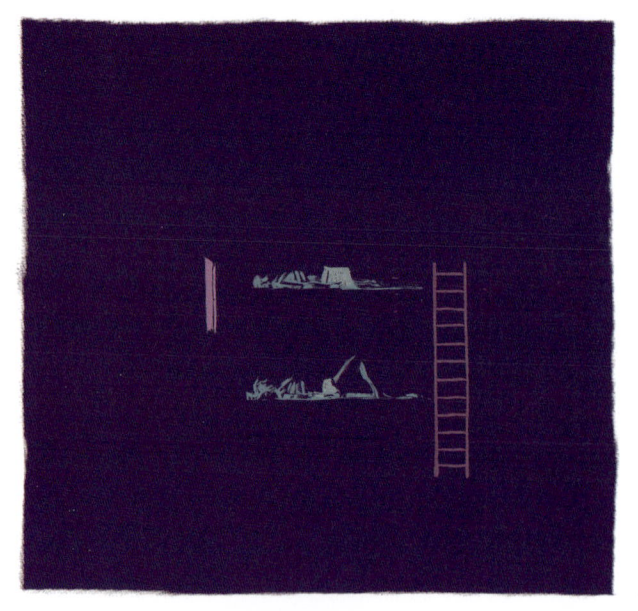

Panel 2: Weißt du, was Virginia Woolfs Mann Leonard gesagt hat?

Panel 3: „Die Welt wäre genau dieselbe, wenn ich mein Leben lang Tischtennis gespielt hätte."

Panel 4: Mm... Wenn ich mein Leben nicht genauso sehen würde, fänd ich's witzig.

Panel 5: Ja, ein guter Spruch. Aber hätte er sein Leben lang Tischtennis gespielt, hätte Virginia Woolf wahrscheinlich nie ihre Romane schreiben können.

Panel 6: Dann wäre die Welt auch nicht anders...

Doch, schon...

Nicht viel, nur ein kleines bisschen.

Aber doch anders.

Glaubst du, es ist zu spät?

Zu spät wofür?

Um aufzuhören, Tischtennis zu spielen.

Was denkst du, Vincent?

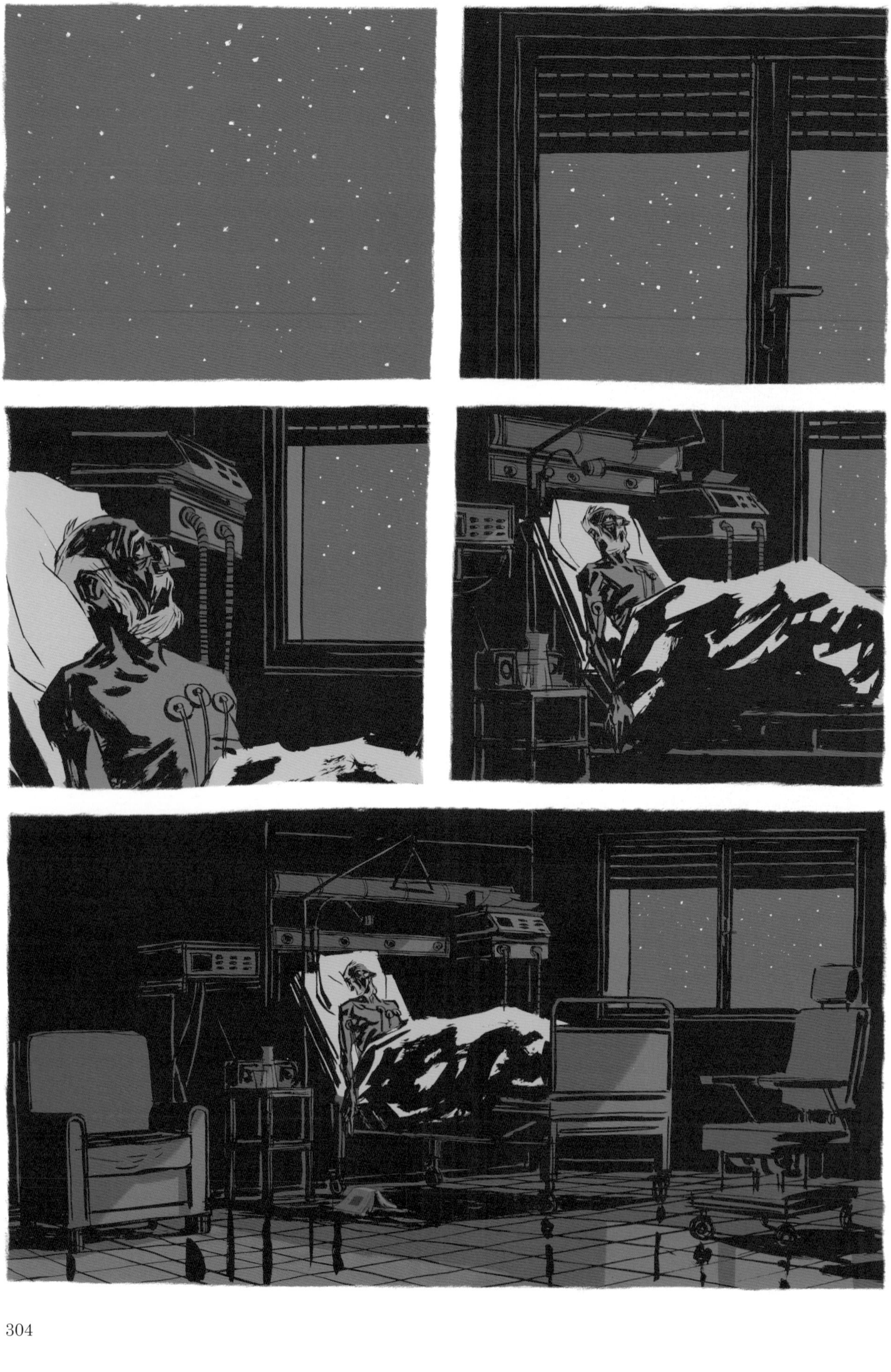

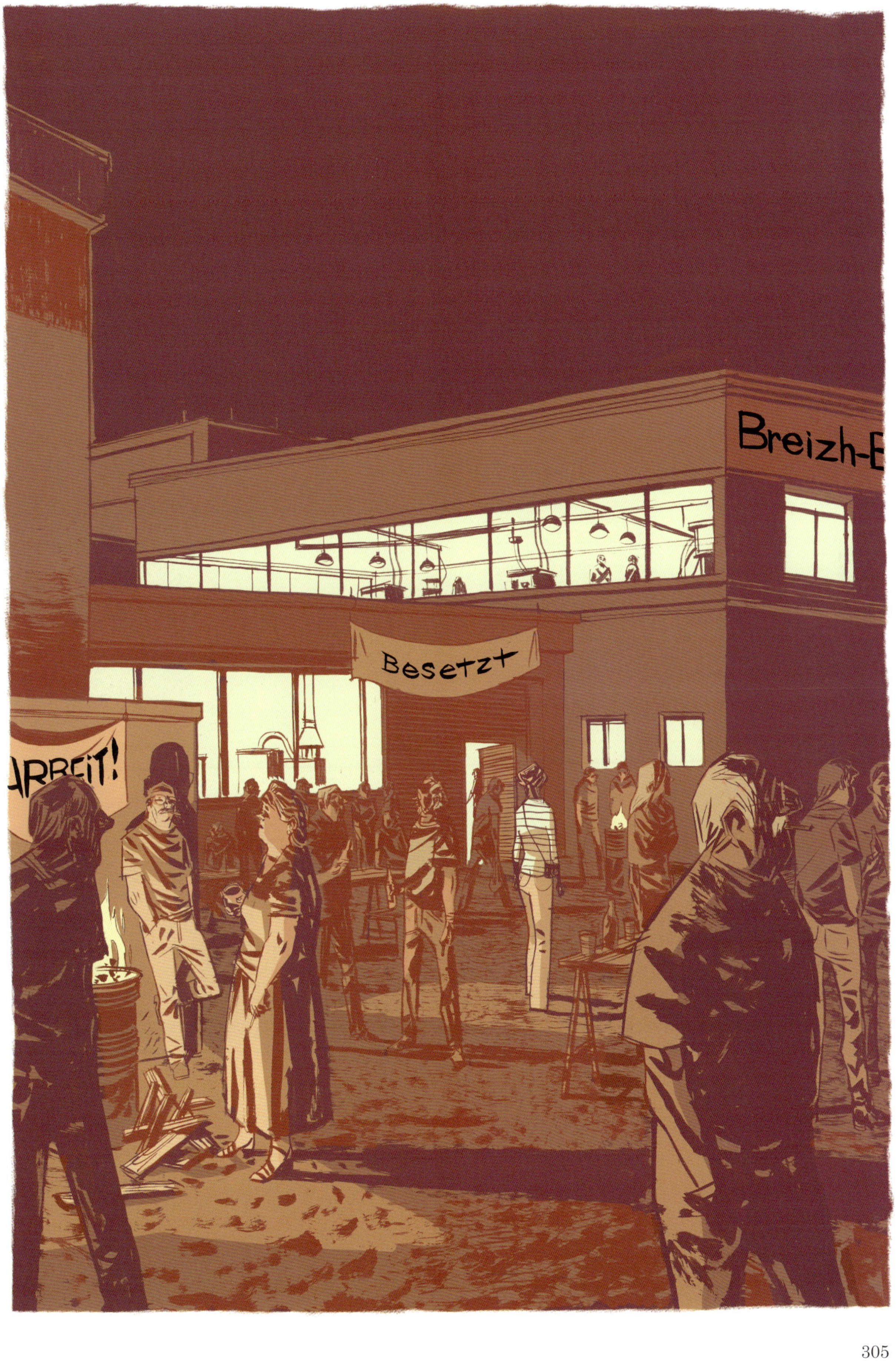
Breizh-
Besetzt
RBEIT!

Bleibst du heute Nacht hier?
Ja ...
Delphine weiß Bescheid...
Ich weiß nicht...
Hat jemand den Öffner gesehen?
Haha!
Sag mal, Eric...
Bist du nicht zum Spülen eingeteilt?
Nein!
Pff... Die Organisation ist echt 'ne Katastrophe!
Psstt... Catherine!
Hast du vielleicht ein Kissen über?
Nee...
Also ...
Was macht die Pressemitteilung?
Schau mal...
Wir haben eine neue Einleitung.

Hallo Edith!

Hey! Hallo!!

Der Typ von „Ouest France" hat gesagt, er braucht sie vor Mitternacht!

Wir haben noch 'ne Viertelstunde, Edith...

Ähm...

Ja, sorry...

Ich find's gut... Vielleicht ein bisschen zu lang?

Meinst du?

Und was machen wir jetzt?

Keine Ahnung...

Wir lassen es einfach so.

Klick

Es kam so unerwartet.

Sie erinnert sich an den Himmel, blau und kalt.

Ein paar gedämpfte Töne im Hof.

Wahrscheinlich der Junge aus dem Dritten.

Morgenluft, die durch das gekippte Wohnzimmerfenster kommt.

Wasser plätschert im Bad, dann ist es still.

Die Tür öffnet sich sanft, Camilles nackte Silhouette im Gegenlicht. Die Erschöpfung der letzten kurzen Nächte in der Fabrik. Der Geschmack der Zigarette. Die hereinfallenden Sonnenstrahlen. Das verliebte Herz schlägt gleichmäßig, wenn das Verlangen gestillt ist. Dieses innere Zusammenspiel scheint mit der Umgebung im Einklang zu sein, mit der Stadt, dem Haus, dem kleinen gelb-weißen Zimmer. Ein Gleichgewicht von Geräuschen und Stille.

Sie würde diesen Augenblick gerne einfangen. Ihn im Herbarium der besonderen Momente aufbewahren. Aber sie weiß, dass er wahrscheinlich eines Tages aus ihrem Gedächtnis verschwinden wird.

Sie liebt diese Frau seit dem ersten Tag. Seit sie sie auf dem Firmenparkplatz hatte ankommen sehen, wie sie mit einer Hand ihr Fahrrad schob. Die Kamera baumelte an ihrer Hüfte.

Das alles führt vielleicht nirgendwohin. Aber allein dieser Augenblick, dieser Morgen scheint ihrer Existenz ein wenig Sinn zu geben. Als würde sich das Leben endlich lohnen.

— Sind wir hier noch richtig?

— Nein.

— Ich hab schon länger keine Markierungen mehr gesehen...

— Wir müssen wieder runter auf den Waldweg, der ist auch nicht ganz so anstrengend...

— So'n Mist!

Wir hätten lieber in der Hütte bleiben sollen.
Das wird schon...
Oh scheiße!
Damien!
Aah!
Geht's??
Bist du verletzt??
Weiß nicht...
So eine Scheiße!
Du hast mir 'nen Riesenschreck eingejagt!
Geht schon, keine Sorge.
Ich glaub, ich hab mir nur den Knöchel verknackst, nicht dramatisch...
Aua!
Verdammt!!
Okay, warte...
Setz dich!
Ich schau mir das mal an.

Shit...
Der ist verstaucht.
Schon ganz geschwollen!
Aua!
Pff...
Ver-dammt!
Okay... Lass uns kurz überlegen.
Am besten, du bleibst hier und ich hole Hilfe.
Nein...
Das ist keine gute Idee.
Nimm's mir nicht übel, aber Orientierung ist nicht grade deine Stärke...
Am Ende verläufst du dich noch...
Haha! Mag sein, aber du kannst gar nicht laufen.
Nimm's mir nicht übel...
Doch, vielleicht...
Ich müsste den Knöchel nur mit 'ner Schiene entlasten.
Okay.
Probieren wir's.
Dazu bräuchten wir einen Ast, nicht zu morsch.

Ich frag mich nur...
Glaubst du, dieser Unfall ist ein göttliches Zeichen oder so was?
Vincent...
Ja?
Halt die Klappe!
Ha ha!
Krack

— Guten Tag.

— Guten Tag...
— Ähm...
— Wir haben uns bei der Beerdigung gesehen...
— Ich wollte mich ein bisschen um den Garten kümmern.

— Aber ich will Sie nicht stören...
— Nein, nein... Schön, dass Sie hier sind.
— Ich hab gerade Tee gemacht, wollen Sie?
— Äh... Ja, sehr gern.

Stört es Sie, aus meiner Tasse zu trinken?
Nein, gar nicht.
frtsch
Sie lesen Pynchon?
Ja.
Louis hat es mir geschenkt.
Er hing an seinen Büchern.
Ja.

— Wie fühlen Sie sich?

— Es geht... Seit ein paar Tagen weine ich nicht mehr ganz so viel...

— Ich müsste anfangen, seine Sachen zu sortieren.

— Seine Bücher ordnen. Und sie dann vielleicht verschenken. Bücher kann doch immer jemand brauchen, oder?

— Ja. Ich helfe Ihnen, wenn sie möchten.

Vrrr
Vrrr
Was macht Ihr Knöchel?
Wenn ich ihn ruhig halte, geht's...
Wo soll ich Sie hinbringen?
Ähm...
Wie heißt das Kaff, in dem das Auto steht?
Es war bei Bois-d'Amont.
Ach Mist, das liegt gar nicht auf meinem Weg, ich arbeite in Morteuil.
Sie arbeiten am Sonntag?
Manchmal...
Ich müsste erst ein paar Akten aus dem Büro holen, aber danach fahre ich Sie zum Notarzt nach Les Rousses.
Und dann zu Ihrem Auto.
Einverstanden!
Sehr nett von Ihnen, danke!

Stört es Sie, wenn ich rauche?
Nein...
Gar nicht.
Möchten Sie eine von mir?
Warten Sie, ich zünde sie Ihnen an.
Danke.

Liebe Catherine,

nach Mitterands Scheitern bei der Präsidentschaftswahl '74 bin ich in den Südwesten gezogen mit dem vagen Vorhaben, ein Buch über Jaurès und die Genossenschaftsbewegung zu schreiben.

Tatsächlich war ich jedoch viel zu niedergeschlagen, um überhaupt irgendwas zu schreiben.

Paul war nicht mehr da.
Ich war völlig am Boden.

Und mir hatte nie jemand gesagt, dass ich eines Tages 50 werden würde.

... und dass mir meine Fehler plötzlich weniger schlimm erscheinen würden als meine Versäumnisse.

In jenem Sommer habe ich zufällig dieses Bild im hinteren Teil einer Dorfkneipe in den Corbières entdeckt.

Zum ersten Mal in meinem Leben hatte ich das Gefühl, ein Gemälde würde in einer schönen, geheimnisvollen Sprache zu mir sprechen.

Es gab da etwas Wertvolles zu lernen, für mich selbst.

Ich bereue noch heute, dass ich so lange blind und taub war für die Schönheit.

Sie erschien mir wie ein verbotenes Terrain, zu dem ich keinen Schlüssel hatte.

Ich habe dieses Bild gesucht und schließlich wiedergefunden und an dich gedacht.

Ich möchte, dass du es behältst – vielleicht hilft es dir, dass du nicht dieselben Fehler machst wie ich.

Ich bin froh, dass ich das Glück hatte, dich kennenzulernen und die Frau zu sehen, die du geworden bist.

Pass auf dich auf.
Alles Liebe.
Louis

— Catherine!
— Denkst du an den Termin mit Bergerin?
— Ja, ja.
— Ich komme.

Diese Kapseln wirken entzündungshemmend.
Die sollten Ihnen helfen.
Danke!
Ruhen Sie sich aus, ich suche solange meine Sachen zusammen.
Okay.
Es ist noch Kaffee da.
Möchten Sie?
Gern.
Wir haben nichts abgedeckt.
Das gibt eine schöne Sauerei nach dem ganzen Regen.
Arbeiten hier viele Leute?

Ja, mit den Freiwilligen schon!
Aber ich warne Sie, das ist Cowboykaffee...
Perfekt!
Danke ...
Archäologen arbeiten sehr eng zusammen, das hat was von einem Wanderzirkus.
Manchmal ist mir das zu viel...
Deshalb arbeite ich ab und an auch am Wochenende, wenn niemand da ist.
Das tut mir gut...
Klick
War das immer Ihr Traumberuf?
Ja.
Schon als ich klein war.
Wir haben in der Grundschule mal an der Ausgrabung einer galloromanischen Villa teilgenommen.
Ich hab zwar nur Ziegelstücke gefunden, aber ich war total fasziniert!
Der Kaffee ist widerlich, oder?
Haha!
Ja...

Wollen Sie auch eine?
Ja, sehr gern...
Danke.
Wissen Sie...
... das mit dem Flughafen ist wirklich verrückt!
Was wir hier entdeckt haben, ist... einzigartig!
Dieser Fund... So eine Gelegenheit werde ich vielleicht nie wieder haben...
Was ist daran so einzigartig?
fff
Soll ich es Ihnen zeigen?

Krack
Passen Sie auf ...
Und bleiben Sie immer auf den Brettern.
Da ist es.
Wow ...

**Panel 1:** Es stammt aus der Jungsteinzeit. — Vielleicht sogar noch früher...

**Panel 2:** Auf jeden Fall mindestens 15.000 Jahre vor Christus. — Bald bekommen wir die C14-Datierung.

**Panel 3:** Es ist die erste Entdeckung dieser Art im Osten Frankreichs. — Dieser Ort ist einmalig.

**Panel 5:** Da ist noch was. — Etwas, das mich sehr berührt.

**Panel 6:** Kommen Sie. — Ich zeig's Ihnen...

| | |
|---|---|
| Ein Bauarbeiter hat die Höhle gefunden. | Er hätte alles zerstören können, ohne darüber nachzudenken. |
| Aber er hat den Bagger angehalten. Und dann ist er mit einer Lampe runtergestiegen. | Heimlich. Damit sein Chef ihm keinen Ärger macht. |
| Und das Erste, was er gesehen hat... | ...war das hier. |

Wie heißen Sie?
Garance.
Paul CAMELIN
5. Dezember 1951
23. März 1963
Louis CAMELIN
4. April 1925
27. Juni 2003

bip dip bip

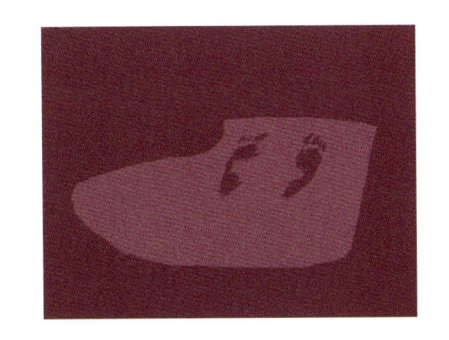

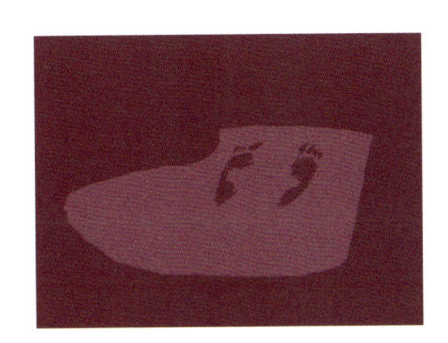

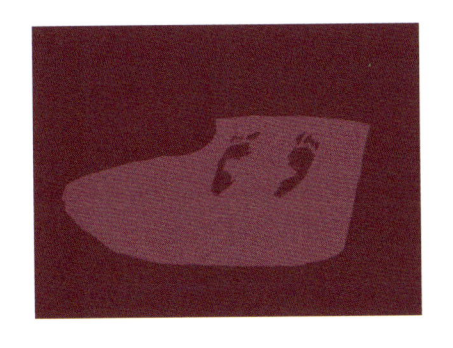

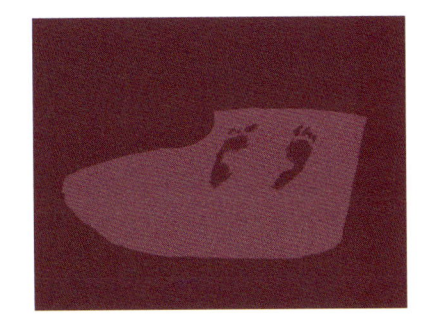

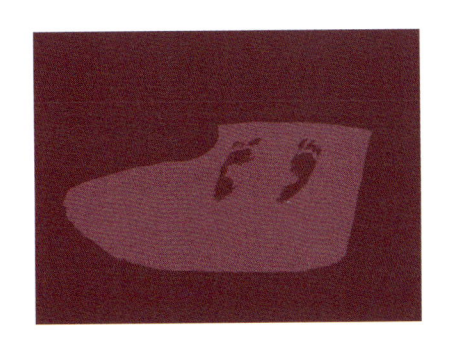

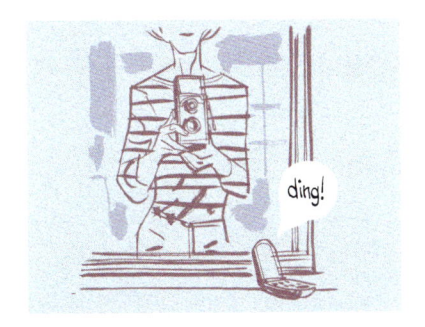

ding!

Edith
Ich dachte, du kommst heute in der Fabrik vorbei. Sehen wir uns morgen?
dip bip dip bip
dip bip dip
Fabrik vorbei. Sehen wir uns morgen?
Ich mache gerade Abzüge. Aber komm du doch bei mir vorbei, wenn du Lust hast.
ding!
NACHRICHT GESENDET
ROLLEIFLEX
klick

Dabei hatte sie es sich doch geschworen.

Allein zu bleiben. Von niemandem abhängig zu sein. Nie. Lieben heißt versprechen, versprechen heißt lügen, und es folgen noch viele weitere Wörter. Eins mit dem anderen verschweißt. Wie die Teile einer Rüstung, die man zu einem Kampf anzieht, an dessen Sinn sie zum ersten Mal zweifelt.

Seit drei Monaten lebt sie am Rand des Schlachtfelds. Die besetzte Fabrik. Die Demos vor der Präfektur. Die gewerkschaftsübergreifenden Versammlungen. Die endlosen Nächte mit Gesprächen über Hoffnungen und Ängste. Sie beobachtet die anderen. Und das ist wahrscheinlich der einzige Platz, den sie einnehmen kann.
Fotografieren als Versuch, diesen kleinen Teil der menschlichen Wahrheit zu erfassen, der einzigartig ist und dennoch uns alle antreibt. Ihn präzise und vorsichtig einzufangen. Ganz sacht, mit den Fingerspitzen. Ihn zu zeigen. Ihm die Bedeutung zu verleihen, die ihm gebührt. Ein einzelnes Atom, das winzig ist, aber dennoch unverzichtbar für die unendlich vielen Teilchen in Bewegung. Alle sind füreinander unentbehrlich.
Sie hat diese Arbeit nicht für Edith begonnen, um sie zu verführen oder zu trösten. Aber sie hätte sie nie mit dieser ruhigen Selbstverständlichkeit begonnen, wenn zwischen ihnen nichts passiert wäre.

Sie geht im Kopf noch einmal den verschlungenen Weg bis zu ihrer ersten Begegnung zurück. Um eine Logik darin zu erkennen. Vergeblich. Ihre Schutzmechanismen hatten nicht die geringste Chance, weil der Angriff nicht vorhersehbar war. Es hatte keinen Sinn, weiterhin einen Kampf vorzutäuschen.
Morgen, in sechs Monaten, in einem Jahr oder eines Tages wird diese Zuneigung erlöschen. Da macht sie sich keine Illusionen. Aber das ist nicht wichtig. Jetzt ist der Zeitpunkt, etwas zu teilen, etwas gemeinsam zu erleben.

Sie betrachtet ihre Bilder, Hunderte von Bildern.
Sie wird eine Auswahl treffen müssen.
Weitermachen, aufbauen, sich täuschen, neu anfangen. Versuchen, mithilfe all dieser eingefangenen Augenblicke eine Art Spur zu hinterlassen.

Ein Zeichen, einen Hinweis vielleicht, für irgendwen, eines Tages, später.

**Cyril Pedrosa bei Reprodukt**
Auto-Bio
Drei Schatten
Jäger und Sammler
Portugal

Aus dem Französischen von Marion Herbert
Redaktion: Irja Thorn und Heike Drescher
Lettering: Andreas Michalke
Korrektur: Nele Heitmeyer, Wiebke Helmchen


Der Abdruck der Passagen aus Virginia Woolfs Roman »Die Wellen«
erfolgt mit freundlicher Genehmigung des S. Fischer Verlages.
Virginia Woolf, Die Wellen. Deutsch von Maria Bosse-Sporleder.
© S. Fischer Verlag GmbH, Frankfurt am Main 1991

**REPRODUKT**

Gottschedstr. 4 / Aufgang 1
13357 Berlin

Copyright © 2016 Reprodukt für die deutschsprachige Ausgabe.
LES EQUINOXES
Copyright © 2015 Dupuis, by Pedrosa
www.dupuis.com
All rights reserved
Originally published in Belgium by Dupuis,
Rue Jules Destrée 52, 6001 Marcinelle.
Published by arrangement with Dupuis.
Herausgeber: Dirk Rehm
ISBN 978-3-95640-044-5
Herstellung: Minou Zaribaf
Druck: Jelgavas Tipogrāfija, Jelgava, Lettland
Alle deutschen Rechte vorbehalten.
Erste Auflage: Mai 2016

**www.reprodukt.com**

*Der Teufel steckt im Detail.*

*Dank an Philippe Ghielmetti für seine Akribie und
die wertvolle Hilfe beim Layout dieses Buches.*

*Für seinen geübten Blick, seine aufmerksame Lektüre und seine
beständige Unterstützung ein riesiges Dankeschön an José-Louis Bocquet.*

*Und ohne Roxanne würde es dieses Buch ohnehin nicht geben.*

**AMBASSADE DE FRANCE**
EN
REPUBLIQUE FEDERALE
D'ALLEMAGNE
―
BUREAU DU LIVRE

*Dieses Buch erscheint im Rahmen*
*des Förderprogramms des Institut Français.*